FOCUS ON CHINA

中国真问题

曾国欢　李向平　王昭肇　编著

中国青年出版社

《聚焦中国》第一期"铁道部官员回应高铁质疑"栏目主创与嘉宾合影

城镇化后怎样解决农民失地问题

"微言"不轻,全民进入"微博时代"

国企利润如何惠及于民

"钉子户大战拆迁队"

中国富豪的慈善

《聚焦中国》2011年春节特别节目之"年度热点现象评选"

《聚焦中国》之"以市场调节引领产业升级"栏目主创与嘉宾合影

中国的位置在哪儿

中国互联网报告解读

目录

序言

001 | 什么是中国的真问题 / 茅于轼

003 | "真问题"与问题意识 / 温铁军

005 | 我们因何而为 / 马未都

007 | 理性就是力量 / 陈小川

第一章 坐诊中国经济

013 | 以市场调节引领产业升级

024 | 城镇化到底是谁的城镇化

033 | 国企利润如何惠及于民

040 | 中国制造中国贵

第二章 沉重的房子

051 | 谁动了我的经适房

059 | 中国百姓何时安居乐业

067 | 高房价真的到了穷途末路

第三章 钱包保卫战

079 | 通胀来了,准备好了吗

088 | 中国富豪的慈善

097 | 减税正当时

第四章 我们幸福了吗

109 | 高价药谁制造

118 | 汽车围城,全国聚堵

125 | 我们还能吃什么

136 | 婚姻动荡谁之过

第五章 大时代中的小人物

149 | 中国文坛的"坏小子"

156 | 身陷囹圄的昔日首富

164 | 正常人成精神病,精神病院的门为什么那么好进

第六章 崛起中国的时代镜像

177 | 公务员考试火爆,是喜是忧

185 | 为何舆论监督频遭公权力打压

192 | 安乐死:执行?缓行?

200 | "钉子户大战拆迁队"

第七章 拥抱全民网络时代

211 | 中国互联网报告解读

220 | 全球网络大战即将来临?

229 | "微言"不轻,全民进入"微博时代"

第八章 2012真的要来了?

239 | 莫让天灾变人祸

247 | 城市被淹,不只是天灾

254 | 极端天气缘何常态化

跋

261 | 中国在哪儿 / 王学永

263 | 媒体如何面对中国真问题 / 王昭羼

序言

什么是中国的真问题

茅于轼　天则经济研究所所长

这本书的名字是《中国真问题》，这意味着有些问题是伪问题。的确是这样，表面现象和问题的实质往往是两回事。一般人看问题容易被表面现象所误导，忽略了深层次的更本质的问题，把伪问题看成真问题，会把问题的解决方案搞错，浪费了资源，问题并没有得到解决。

关于真问题和伪问题之争的一个例子是收入分配问题。大家都知道，我国的收入分配差距悬殊，这可以说是真问题，但大家看到的只是表面现象。富人一掷千金，穷人无立锥之地。这个问题已经讨论许多年，可是拿不出解决的办法，收入差距还在扩大，可见光讲收入分配无助于问题的解决。那么，它的真问题何在？我认为问题的根子在特权，在地位和权势的不平等。这种不平等不容易被观察到，但它是收入分配不公的主要成因，而且是极其有害的一个原因。城里人和农村人享受的国家福利决然不同，国家花费上万亿元的保障房对进城打工的人而言根本享受不到，而他们才是最需要住房帮助的人。教育、医疗、低保，都有城里人和农村人的区别，更不用说因特权而造成的法律面前不平等。特权者不守法，特权车横冲直撞不是个案。打起官司来，无权无势的人往往被忽视，公平判决难保障。

区别真问题和伪问题应该说并不是很困难。只要冷静地思考，客观地分析。困难在于大多数人不习惯于冷静思考，缺乏独立思考的习惯，容易被从众心理所裹挟，人云亦云。这时候专家的意见具有特别的重要性。在这本书里集中了专家们的观点，会帮助我们分辨真问题和伪问题。

2011年8月19日

"真问题"与问题意识

温铁军　中国人民大学农业与农村发展学院院长

《中国真问题》问世在即,主编托我为序。遂有借此对真问题和问题意识作些分析的以下文字。

这些年,我常常对媒体的朋友们致歉,每次当他们拿着一些采访的情况找我点评的时候,几乎都被我婉言谢绝了。

给出的说辞听上去是合理的:我是个长期坚持调查研究的学者,因此,非经我和我的团队直接调查的事情,恕不评论……

这个说辞背后的理由,不仅在于我三十多年前读过新闻系,十年前有过三年总编辑、两年社长的经历,而且,对那些与市场化相辅相成的媒体因追求资本投资而改变社会公器性质,而且越有影响越被大资本掌控,遂普遍化地作为资本逐利工具的实际属性,不可能再给予被今人看作愚蠢同义词的信任。对于已经在势所必然的媒体逐利大潮中自觉不自觉地成为,或正在成为,或预备成为中产阶级的媒体从业者,更不可能没有"防人之心不可无"的戒备。何况,我曾因不设防而得到过被挟嫌涂污的教训——很难拒绝一个借口虚心求教且誓言绝不发表的青年人!

有鉴于此,在社会要求政府官员必须公布自己及家人收入和财产的同时,也该要求任何心性正常的媒体老板都诚实地明确自己投资的媒体从属于何种利益集团。因为已经有越来越多的仍然试图表达社会公正的媒体人遭遇其任职媒体背后的"资本排斥"特性,或被资本内生具有的价值倾向所排斥!

同理，任何有自主分析能力、坚持思想自由的受众，也都该"正常地"看待已经被不同资本势力控制的媒体作"选择性发布"信息和作倾向性评论。

我对于一个时期以来受众自身的真问题的理解是：社会本身也处在结构性分化之中；其中，所谓"官产学媒"四大强势群体结盟已成定局。这种强势群体的结盟会在社会矛盾恶化之中自动强化，越强化就越是要刻意地促使弱势群体分散化以获取更大收益；而弱势群体越分散，其利益表达或信息发布就越是散乱而难以被媒体集成传输。假如我们还有公正的媒体人和作为公器的媒体……

我们当然知道政治家、企业家和社会大众都不可能马上有这种自觉而清晰的认识，那也应该理解我们这个所谓转型社会需要时间，逐步通过对"多重博弈"的理性结局的认可，来降低信息不对称造成的、不断向下层社会转嫁的制度成本。

倘若这个对于媒体产业化和媒体人中产阶级化的当代中国媒体真问题的客观经验表达，还愿意被大家以"平常之心"接受的话，那么，进一步要讨论的就是：对这种本身具有真问题的媒体每日每时选择性报道的和内含倾向性的评论，受众们如何形成基本的"问题意识"？这更值得人们以"平常之心"来理解——媒体所报道的那些所谓复杂冲突和现实矛盾本身，相对于我们这个本属世界最大的原住民人口国家，却激进地追求只有殖民主义侵略扩张为序曲才有的西方现代化喜剧，由此必然转化而成资源短缺导致人类安全的历史性悲剧而言，现代化到底意味着什么？接着问：中国人如何才能改正这邯郸学步般地追随西方喜剧却在那现代化之桥上扭曲肢体地演出了一场人类安全悲剧的规律性进程……

本文至此戛然而止。因为只要是个人就该明白如何形成解构复杂矛盾的问题意识了。

写于2011年8月19日

我们因何而为

马未都　观复博物馆馆长

我们今天社会所面临的问题都是过去社会从未遇到过的。无论是宏观还是微观，无论是总体还是个体，新问题层出不穷，苦恼着幸福的人们。几乎没有人可以逃至世外桃源，淡然处之；某一个具体问题可能不涉及你，但它不一定不影响你。

社会因此变得庞杂，让人无所适从。我们本是一个慢性子的民族，这是我们以农耕文化为主的文明史决定的。中国人讲究世代平安，五福临门；把人之福分为五种也算是发明，这五福是长寿、富贵、康宁、好德、善终，与钱财相关仅有一条富贵，可见古人对世态的认知。

这些年，资本介入传统社会，发展才是硬道理。我们在懵懂中慢慢知道了资本的力量，它是社会发展加速的动力，一向懒散的中国人忽然变得紧张起来，积极者参与其中，旁观者置身其中，潮涨潮落，风起云涌，让我们的社会变幻莫测。

问题逐渐复杂。百年前，我们奋力推翻了两千四百年的封建王朝，试图建立一个新的社会秩序，包括经济秩序，但那时的世界并不是我们的世界，我们说了没用。此后，中国人用了三十八年平定纷乱，开始了国家的新建。头三十年低速，后三十年高速，让我们几乎无暇顾及两旁的风景……时至今日，我们忽然想起：我们因何而为？

我们因依一向追求的五福吗？我们只需"富贵"一福，是否要抛弃另外四福？资本使人善恶分明，在强者与弱者之间，在富者与贫者之间，在长者与幼者之间，在智者与愚者之间，让我们看到听到许多，从善如登，从恶如崩。

于是，我们所面临的一切问题都不再是问题，无真无假。假作真时真亦假，无为有处有还无。大到中国经济，小至百姓钱包，谁赶上哪个问题，问题就变得真真切切；因而就没了隔岸观火的心情，也少了花前月下的雅兴。

《中国真问题》所涉领域极宽，论者八仙过海。能解决自身问题未必能解决国家问题，能解决抽象问题未必能解决具体问题，但这并不影响阅读与思考。因为我们民族自古至今就善于学习，在学习中改造自身，适应变化。善变易变愿变亦能变是我们的文化传统，这缘于我们有一个海纳百川的襟怀，但同时坚守就成为民族最为艰巨的任务了。

2011年7月15日

理性就是力量

陈小川　《中国青年报》总编辑

当下中国的舆论生态处于热言时代。我同时感到骄傲的是，学界和实务界基本达成共识。公共时评越来越发展成一种民众表达、公民言说。

都说真实是新闻的生命，那什么是言论的生命和力量呢？我觉得是理性。不像大批判，义愤填膺，一叉腰一跺脚，什么都解决了。我不想给理性下个抽象的定义，只想谈一些具体的看法——这也是在办报过程中，经常跟同事们交流的。

其一，不要制造伪问题。我很反感如今一些记者、学者和评论员，喜欢在言论中制造一些伪问题，然后，用这些看似同情弱者和苦大仇深的伪问题、伪概念去消费公众情绪。

比如，关于留守儿童的评论很多，似乎突然成了一个很严重的社会问题。我们这茬人打小就是留守儿童，很少跟爹妈在一起，因为他们都在忙工作，谁也没觉得有问题。可如今，咱们记者的摄像机围着一农村孩子，举着话筒问："孩子，你想你妈吗？"半年没见着妈了，这孩子肯定得想啊，是谁都得想。这种煽情的报道，有多少现实意义？

其二，评论要有社会责任和公共关怀意识。不能只顾自己说着痛快，要谨慎地衡量自己言论可能产生的社会后果，避免言论在特殊事件中可能产生的不良后果。

《中国青年报》连续几年作高考舞弊报道，记者一般在开考当天晚上就把稿子发过来了，我说暂时不发，缓两三天发。为什么？全国都在高考，关系到一千万孩子，再加上家长、长辈，涉及几千万人。假如正考试的时候捅出惊天大案来，对所有参加高考的孩子都是一种消极的影响。当天发稿，肯定是爆炸性新闻，但社会效果不好，媒体首先陷入不道德了。我们做推动社会进步的事情，不能自己陷入不道德。

其三，评论要致力于推动社会进步，而不能渲染社会问题、撕裂社会情绪。我们要关注那些具有普遍意义的深层次问题，它们对社会的影响是深远、持久的，并能对社会的进步起到作用，而不是去消费和炒作极端丑恶的个案。对于极端的个案，不要动辄上纲上线到体制，而是要尽可能还原和关注事实真相，不要先入为主地加入情绪和立场。

其四，评论要有大的关怀，有全局的、大局的国家利益观照。假如我们的报道起于愤青而止于愤青，都是些鸡零狗碎、耸人听闻的炒作，那就没有上升的空间了。像力拓间谍案，就是大事，是关乎中国国家安全的大问题，可评论很少关注。前几年，我看国家铁矿石谈判的时候，心里就非常难受，怎么回回都输呢？全世界的钢产量并没有提高，全世界铁矿石的产量也没有提高，怎么这个力拓和必和必拓年年就敢涨价？评论对这种涉及国家利益全局的大问题，要提供自己的判断。

其五，评论要拒绝浅薄。如今网上炒作一些新闻事件或一些观点时，很明显能看出一些浅薄的痕迹。评论不能停留于浅薄的情绪上，不能缺乏深刻的思考。

就拿手机实名制来说，一说手机要实名就有人骂。手机实名制一定会给一些人带来不方便，但不实名的危害更大，任何一个社会的民主法制进步，都是要付出代价的。英国是全世界安探头最多的地方，英国有一部分人就经年不辍地反对安装探头，可探头对破案非常有帮助。遇到此类问题，该多思考一下，不能先骂起来再说，逮着谁骂谁，那实在是很丢人的事情，于问题的解决有害无益。

其六，在现在这种社会状况下，我想能不能有这样一个基本判断的原则，就是媒体人不要给当下的社会再增加一分焦虑，媒体人应该给社会多增加一分淡定。我一直在反省，我们在道德上如何划清与默多克的《世界新闻报》的界限。在媒体利益和公众利益面前，是不是以不增加焦虑、不增加躁动、不增加愤懑为尺度。当然要真相，当然要客观真实，这是毫无疑问的。这是上次北京下大雨的时候我的一个体会：北京每逢下大雨，那座桥回回堵，这次又被水淹了。有两个小伙子，开着丰田越野车，自己可能觉得能闯过去，闯到半道儿熄火了，下来推推不动，于是弃车跑了。有一个记者一直在边上拍，把这一幕都给拍摄下来了。我看到这个摄像记者贴着水面拍，要拍出一片白浪滔天来，其实那儿也就是那么一洼子水。当他采访浑身湿透的排水工人时，他问道，"这次下雨为什么又积了这么多水？是什么问题？"那个工人挺可爱，他回答，"什么问题都没有，就是雨突然下大了，我们的泵没那么大劲儿。一会儿抽完，什么都正常了。"当城市碰到这种情况的时候，作为记者是故意拿着摄像机贴着水面拍出白浪滔天、汹涌澎湃好呢，还是真实地反映情况？若选着前者，他无非是多制造些焦虑，想增加些收视率罢了，这样做和《世界新闻报》差别不太大，我们坚决不能做这种事情。其实，很多深刻的问题我们可以去归纳，假如说把北京，或者是所有城市的地下管道的水泵全都加大排水量，纳税人愿意交这个钱吗？这个没有人问过。所以说我们在媒体利益和道德面前要找到平衡点，在真实和专业性之间找到一个原则。

咱们中国发展快到国人和世界都没想到的程度了。问题太多，聪明的中国人能解决自己的问题。不管你信不信，我信。

2011年11月18日

011

第一章
坐诊中国经济

以市场调节引领产业升级
城镇化到底是谁的城镇化
国企利润如何惠及于民
中国制造中国贵

聚焦中国 FOCUS ON CHINA

茅于轼　著名经济学家，天则经济研究所所长
张晓晶　中国社会科学院经济研究所宏观经济研究室主任

以市场调节引领产业升级

改革开放以来，中国逐步走上了市场经济的道路，但基本上是政府主导型市场经济，这就造成了政府部门不自觉地强化政府的权力，甚至利用改革的名义来扩大权力。所以在解释过往三十年中国经济的发展时，有人说就像跳双人舞，一部分市场，一部分政府，这就是中国模式。市场到底是不是万能的？如果市场犯了错误，由谁来纠正？

茅于轼：市场经济也并非完全的自由市场，这个市场肯定有时也存在一定的问题。市场出了问题怎么办？一般认为由政府来解决，这个观点也是错误的。为什么呢？这有一个前提，认为政府的政策一定是对的，市场错了，现在由政府来纠正。问题是政府也不一定对，政府也不是唯一的解决方，关键还要靠市场本身纠正自身的错误。

市场不仅指交易，还包括市场的构成，消费者是市场结构中非政府组织各方面的平衡力量。还有商会组织，也是纠正市场问题的一个组织，它是非政府的。再比如说媒体，它也可以纠正市场的问题，所以需要很多力量来解决这个问题。

市场经济的基本特征是平等性、竞争性、法治性和开放性。既然市场不是万能的，出现问题也需要政府来解决，那么，这种政府

力量的介入会不会有损市场经济的平等性呢？

张晓晶：刚才茅老师讲的问题，实际上已经超出了市场。就是说制度供给，其实往往是政府提供的。比如商会，比如一些监管机构。政府力量，在某种程度上是可以使得市场本身的行为得到一定纠正。因为如果全面市场化，它本身也是一个利益关联方。比如说评级机构，我们可以把它看作是一个相对的中介组织，它可以游离于这种利益之外。还有监管，像一些很复杂的衍生工具的交易，本来是要禁止的，或者是要限制的，这些是市场之外的。

三十年来，政府对市场经济的引导还有一定缺失，使经济发展走偏了路。我们的上层建筑没有端正自己的作用，让国有企业大范围发展，助长了垄断与不公平竞争，也让民营经济在发展过程中遭遇种种障碍和困扰。现在很多地方政府急于产业升级，比如说广东，发明了一个词，叫"腾笼换鸟"。也就是说，原来这个笼子里的鸟不是什么好鸟，又浪费资源，又污染环境，所以把这个笼子给它腾空，换进那些升级过后的鸟。广东地方政府很有智慧，想了很多办法，包括把这个产业怎么迁出去，如何与地方GDP考核挂钩等等。政府强力推行的这种产业升级究竟利弊几何？

茅于轼：政府做的事做对了是非常好的，但有时也可能做错了。所谓的"腾笼换鸟"，当然是换比过去好的鸟。我相信政府对此是很清楚的。比如说，第一，不污染；第二，低能耗，最好有高科技，再加点创意产业。但低能耗不一定就对，如果低能耗都对，那高能耗通通都取消了，难道就没有市场、没有需求了吗？所以不能说低能耗、低污染就好，但也要有限度。污染也不是绝对坏，如果绝对坏，我们通通都恢复成原始人，就都没有污染了，不要坐汽车,也不要坐飞机,很显然这不现实。污染还要有,只是得有一个界限。所以最后的目的,还是财富的创造,从经济学来讲,换了鸟应该有更多的财富创造,这才是对的。

广东有的地方政府限定某些高污染、高能耗的行业,在几年之内把工厂迁出,这也不是办法。因为高能耗的企业还是社会需要的,钢铁业就是高能耗的,你能不要钢铁行业吗?建材也是高能耗的,现在我们盖那么多房,没有钢铁、没有建材怎么盖得起来?有人说现在不要盖房子了,那不见得吧。我们要的是效率,是你投入的东西的产出比,包括能耗及其他。产出高、投入少,这就是效率,是经济所追求的。

既不污染又低能耗,还有高科技含量,最好再加点创意产业,这是各地政府最欢迎的招商项目。很多政府都坚决拒绝高能耗企业,并把它写进政府报告,作为自己的业绩。政府的这种态度和做法该让人如何理解呢?

张晓晶: 我觉得,就是拒绝"两高一资"(高能耗、高污染、资源性)企业,产业结构升级也不是短时间就能完成的。最主要的是要先有一个好的商业环境,比如说一个规章制度,一个规则。其实政府要做的先是设定规则,在这个规则下,让企业自主地进入和退出。如果没有规则,假定政府派人去招商,他看中了说这个是能耗低的,那个是节约资源的,由政府这样来选的话,很可能会出问题,这是其一。其二,并不一定要各地政府都宣称我不要高污染、高耗能的企业。如果那样的话,那这些产业在哪儿生存下去呢?要把它们都灭绝了吗?我们现阶段还做不到。产业结构转换是一个渐进的过程,对政府而言,制定规则更重要,而不是由政府自己来选产业。

产能过剩与能源消耗增长过快已经成为制约经济发展的重要因素，政府很早就提出了产业结构调整这一经济发展战略，并在"十一五"规划中进行了重申，以促进经济有序发展。但至今可以说仍然是一个老大难问题，都在说产业结构要转型、要升级，可为什么就升不上去？

茅于轼：我觉得首先要问怎样才是一个合理的产业结构。过去我们在计划经济的时候，有所谓的有计划、按比例，比例好了，结构就好了。但这是非常有欺骗性的一句话，按比例是多少比例呢？你没说出来，而且这个比例老在变。什么样的结构是合理的呢？现在的回答就是市场决定的结构是合理的。产业结构怎么调整呢？比如说通过投资，通过老的企业的关停并转，那么结构就得变化；通过出口、进口的变化，你的结构都在变。因此，合理的结构就是市场选出来的结构，没有外界干预，市场自己找出来的结构是最合理的。

我们的产业结构目前还存在一些问题，也就是说我们的市场还很不完善，有很多外来的干预造成市场的扭曲。其实产业结构没必要调整，政府把不合理的干预拿掉，让市场自动去配置就可以了，市场自身就会朝着合理的结构变化。

我们目前的产业结构是过去三十年，甚至是六十年所形成的，为什么会形成这样的产业结构？而事实证明，这种产业结构是失衡的。但为什么很多当地政府那么热衷于发展工业，盲目扩张规模，消耗那么多的资源、能源，破坏那么多的环境？

张晓晶：地方政府为什么要发展工业，而不是服务业？工业上的大项目环节多，只要上这样的项目，就能够收到更多的税。举个很简单的例子，几年前我去丽江调研，当地旅游业发达，但我跟市里领导交流的时候，他说我们一定要发展工业，那是我们的支柱。核心问题就在这里，我们必须改变现有的政绩评价体系，中央和地方关系要重构，财政关系也要重构。还要纠正现在扭曲的要素价格，调整汇率实际上能够有效改变现在的产业结构，改变它们的相对价格，这样大家才会大力发展所谓的非贸易部门，去研究服务业。

我们的资源、能源如果能够很好地定价，那么它也会得到较好的开发利用。政府也会发现发展工业不划算，就自然会转向了。所以，我觉得所有这些，都要让市场发挥作用，要由正确的价格信号导向。

经济结构调整需改变政绩评价体系，同时也要改变包括外部性的一些要素价格，比如征收燃油税、资源税等，那么政府在产业升级中可以做的事情是什么？

茅于轼： 政府可以做的事就是退出不合理的干预，按照经济学的理论，结构是由价格决定的。而我们现在的结构为什么不好呢？因为价格是扭曲的，汇率就是一个例子，我们的利息率也完全不是市场的，不仅有央行的利率指导，而且现在还有一大堆窗口指导，这些都是不合理的，因此，就会产生一个不好的结构。把这些问题解决了，包括那些外部性的外部成本，要把它内部化。污染的成本要加在总的成本里，这都是结构性调整必要的。所以把价格调好了，慢慢地，结构就趋于合理了。

政府考虑的不仅仅是结构问题，也不仅仅是经济效益问题，还要考虑就业问题。我国工人的数量非常庞大，如果因为调整经济结构，导致很多人失业，就会对整个和谐社会的建设产生极为不利的影响。政府的这种担心有没有必要呢？

茅于轼： 结构调整是为了调整到一个更好的结构，但从现在这个结构变成那个结构，有一个调整的过程，过程是要付出代价的。或者说调整也有调整的成本，调整完了以后，你的成本也就付掉了，那就非常好了。比如说汇率，人民币升值，有很多出口加工的企业需要关停并转，是不是因为要付出调整的成本，就不调整了呢？现在就是这样的局面，调整的成本太高了。但是调整的代价是必不可少的，问题是怎么能使得代价降低一点，比如说一步调，还是分步调，调整的速度也有讲究，所以可以寻求一条比较好的调整路径。

从2004～2008年这一轮的宏观调控当中，政府出台了很多政策，包括汇率上升了，出口退税少了，资源税等等各方面都上去了。但我们的产业结构不仅没有调整，反而中国正是从2004～2008年之间迅速成为世界工厂的。每一年的外贸出口是百分之二十几的增长，似乎把原来的产业结构继续巩固了，甚至强化了。为什么会出现这种结果？

茅于轼： 大概在2004年的时候，我们的外汇储备还只有两三千亿元，现在变成两万多亿元了，这主要就是在当时那个阶段增加的。这就说明我们的外汇汇率虽然是在提升，但升得还远远不够。我写过一篇文章就讲过这个道理。人民币在没有其他因素条件下，它本身就在升，现在还欠了好多债，所以升的那一点，只够维持人民币利率本身的升值，欠债根本没有还，所以外汇储备就大量增加。这说明还是调整的速度和价格的问题。

张晓晶： 从2004年开始，我们也采取了种种措施，但是全球经济大发展的外部环境惯坏了我们的企业家，甚至惯坏了我们的企业官员。我们只要按照原来的路子发展，一样挣钱，外汇储备一样增加，GDP一样增加，为什么我们不干呢？说一句玩笑话，只有退潮的时候你才能看清谁没穿裤子。所以这一次中央总结，这次危机冲击的不是我们的GDP增长速度，冲击的是我们整个的增长方式、增长制度，当然包括产业结构。我们再按这样的方式发展下去，真的已经不行了，所以产业结构调整刻不容缓。以前很多的做法，第一，不系统；第二，很多没有做到位。现在就要在这几个方面把它做好，我觉得这是非常重要的。

在全球化贸易的过程中，中国的国民禀赋，在WTO体系里能得以实现，我们的过剩产能可以在欧美找到出口。过剩的产能和不足的有效需求问题，在中国实际上没有出现。中国产业结构调整就像一个人游泳，现在是一个"大胖子"，有全球化的市场在抱着我们，虽然可以寻得暂时的安全，但我们日后的产业结构调整恐怕更加困难。我们可以用价格调整去破，但是攻破之后，利这一端还没有实现，也许仅仅是把我们现在的国民产业、国民经济的支柱给毁掉一部分，就是竞争力不足的那一部分，但是真正升级的那一部分，靠这招管用吗？

张晓晶：这是一个很痛苦的过程，比如我们真执行这样的新价格体制，工人可能就下岗了。但是问题在于你有没有给他创造新的就业机会，而且恰恰是他能够胜任的就业机会。我觉得这里面比较重要的，第一，他有可能是在本产业内找到工作。我们说产业调整，并不是把第二产业制造业干掉，这是没有必要的。中国在未来的很多年，制造业将是非常重要的，而且是在国际上最具竞争力的行业。所以我们还要发展制造业，但是我们的发展模式已经变了，我们要发展现代制造业，要考虑制造业在能耗方面、在创新方面、在环境方面，是不是都能够达标，所谓实现现代化。在转型中，有一些工人很可能是从原来"两高一资"的行业，转到节能减排比较好的行业，他们其实还在产业内。

第二，我们要在原有的产业之外创造更多的就业机会。这至少有两条途径，一条是让他自己创业，自己雇佣，给他创造一个好的商业环境。打工拧螺丝是干不了了，但可以干点别的，可以多元选择。当然他可能有点不乐意，那么就涉及另外一个问题，就是要转变观念。在产业结构转型过程中，并不是说一辈子就干这个活，非得成为这个行业的状元。这完全没必要，可以选择改行，改行也是大家一个能够正常接受的观念，也有利于产业结构平稳地去转型，减少这种痛苦。

茅于轼：现在流水线上操作的工人，很多都是从农村来的，他们经过多少培训？即便培训了，时间也是很有限的。所以结构调整的真正难度，我觉得不在劳动力上，而是在企业家，要有好的创业企业家。有一个好的创业企业家，他可以创造更多的就业机会。中国最稀缺的是企业家，而不是劳动力。产业结构调整中最难的不是劳动力，同样是企业家的问题。

很多人谈产业结构调整是从第二产业向服务产业升级。另外很多人还混淆了一个概念，认为中国经济的对外依存度太高了，不能仅靠"世界工厂"，这样很危险，所以应该收尾了。但最近有很多学者型的官员都在讲，中国的对外经济依存度不是高了，而是低了。现在我们刚刚占领全世界的超市，未来三十年，可能我们应该是叫重化工业阶段，是资金密集、劳动密集、技术密集三密集的重化工业阶段。我们的汽车、成套设备、精密机床、化工产品，可能就是这样的一些制造业，所以制造业本身并不应该被调整下去。

茅于轼：中国是一个大国，大国就有一种大国心态，小国就没有这种思想，很明确该干什么就干什么。比如加拿大，它很富有，但在美国产业链当中，它占一小环，就觉得足够了。而我们是想什么都干，这个想法非常错误。你把全世界的活都干了，这怎么可能呢？飞机你也造，高速铁路你也建，你只出口，没有进口，这就违背了比较优势的理论。不是说你能不能干，而是你值不值得干。跟别人一比，你不值得，别人肯定有别人的优势。所以我们现在的问题不是说对外开放不够，而是我们净出口，就是出口减进口，即顺差太大，这是关键问题所在。没有顺差，进出口再增加也是没有问题的。中国可以继续增大对外经济的依存度，但我们必须要减少顺差。

中国经济的最大特征是战略纵深太大，从中央政府到地方政府对产业升级都很着急，地方政府出台了大量政策来促进产业升级，但往往觉得效果不好。比如现在中国的一线城市都号称要成为中国的动漫产业中心，北京、上海、西安、重庆、深圳、广州都纷纷投身动漫产业，很多地方都在发展创意产业园，但往往产业园建立起来却一直空置。恰恰第三产业，服务业和创意产业并不管理这一套，无法靠投资拉动，所以地方政府非常着急，想产业升级却苦无良策，如何才能走出这种困局呢？

茅于轼： 你瞄准动漫产业，我也瞄准，大家都瞄准，如果按市场自身规律运行，有优势的地方才会做，但也不可能每个地方都有优势。问题还是在地方政府，总认为我要把GDP搞上去，所以我要瞄准什么产业。其实这个产业是不是你瞄准得了的？最终还是市场说了算，政府说了不算的。很多地方政府想出一招，大家都来干，其实这个招未必符合市场。产业升级，只能让市场自然地去生长，拔苗助长反受其害。

有合理的价格就有合理的产业结构，价格不调，光搞动漫产业，解决不了结构问题。结构问题是由价格来引导的，价格是由市场来平衡的；平衡出一个价格，就能告诉我们资源往哪方面配置。不要人为地想什么结构，放手让市场自身去动作就对了，调结构的目的是什么？是用最少的资源生产更多的财富。

实现财富的增长，不必一味地去搞想象中的产业结构，而是要靠市场的运作。市场化就能解决产业结构的问题，而不是我们凭空想出一个产业结构。

张晓晶：我们的产业结构调整不仅仅是为了创造更多的财富，更要提高老百姓的福利。如果我们的服务业不发展，老百姓享受的服务就非常少，甚至是非常糟糕的。那些发达经济体，在整个的消费中间，服务占的比重是最高的。而我国目前的状况是，医疗服务、教育服务，包括心理咨询等很多方面的服务都很不够。所以财富也只是手段，最终是要改进老百姓的福利。

在产业升级过程中，让市场自由配置是关键的一环，但政府的力量也是不可或缺的。

茅于轼：这种观点当然是有道理的。像中国的基础设施非常好，这是靠政府做的。这些方面，政府起了很重要的作用。市场也会有盲目性，走错了路，它自己会调整过来，当然也要付出成本。我们目前的经济有这么好的增长，政府的功能也是非常重要的。

过去我们都是把产业升级当成一个执政的目标，总想组织力量把这个山头占下来，就是尽快打这一场胜仗。但是实际上往往不是这样，我们就像一个农民面对着一片田野，能做的就是辛勤地锄草、施肥，而不是违背农作物的自然生长规律去拔苗助长。市场经济也有它自身的规律和运行规则，如何进行合理的结构调整、产业升级，市场会按照它本身的自然规律进行自我调节。

英国诗人华兹华斯有一句诗是这样写的："春天草木的一阵颤动，能比任何博学的智者教给我们更多的是非善恶。"也许这就是我们面对市场经济应该保持的一种态度。

聚焦中国 **FOCUS ON CHINA**

温铁军 中国人民大学农业与农村发展学院院长
谢　扬 国务院发展研究中心农村部副部长，研究员

城镇化到底是谁的城镇化

现在中国的城镇化率已经到了46.6%，有数据表明，当城镇化率每提高一个百分点的时候，能够拉动的最低消费将会达到1.6个百分点。当全世界都在寻找经济复苏增长的动力时，中国的城镇化已经被公认为是21世纪最具活力同时也最具影响力的事件之一。另有数据指出，78%和22%，即城市和农村的比例，78∶22是一个黄金比例。这种说法是否站得住脚？

温铁军： 这是一个不太准确的说法。一般来说，我们从20世纪80年代开始，提出打破城乡二元结构，推进城镇化。在二十五六年前，这个讨论就已经持续很久了，多种多样的提法，在二十多年间可以说汗牛充栋，没有哪种说法完全站得住，或是不被人挑战。所以我们历来讲，不要只是眼中有数，心中无人，要看到中国是全世界第一人口大国，而同时人均资源又非常有限。资源环境对城市化的承载能力恐怕不好简单用百分比来衡量。

城镇化程度不能光用数字来表达，那么，城镇化的质量该怎么来衡量？

温铁军： 我们这种发展中国家在工业化过程中，造成的城乡二元结构，首先是如何实现城乡统筹、综合平衡、协调发展，而不是

简单强调达到多少百分比,城镇化只是城乡统筹中的一种方式。每当城市统计人均GDP的时候,不把这个所谓46.6%,就是1.5亿农民工放进来,只算户籍人口,这样算出一个很高的人均GDP。如果是真正的城镇化,或者是打破城乡二元结构、真正有实质内容的城镇化是什么?应该是用财政的公平性覆盖所有作出劳动贡献的劳动力,以及保障劳动力扩大再生产的家庭人口。这些都不算,我们当然还是一个典型的二元结构。我们走城镇化道路,最终目的就是要消除这个二元结构,真正地弥合城乡之间的鸿沟,消除二者之间的差距。

光看数字会忽略很多数字背后的本质性问题。既然我们不应该单纯追求数字,那么对城镇化这条道路,我们最终要追求的目标是什么?城镇化最终要把我们带到哪里去?

温铁军:在我们长期搞农村政策研究的看来,城镇化最终的目标是农民应该得到财政覆盖的基本公平的待遇,即享受公共产品的服务。农民不能百分之百得到市民待遇,但应该得到国民待遇。也就是由国家财政来负担的公平性,都应该享受到,这是基本的东西。

2000~2007年,城市建成区的面积扩大了7.2%,可是吸纳的人口只增长了4%。这两个数据意味着什么?

温铁军:我有过一个分析,20世纪80年代,一些地方占地就是办企业,所以叫做"以地兴企",那是一个乡镇企业以占有土地来完成原始积累的过程。20世纪90年代,因财政出现困难,地方财政严重不足,所以地方财政几乎等于预算无约束,于是就有了90年代

"以地生财",以占有土地来保地方财政。我们把新时期大规模地征占土地叫做"以地套现"。有些地方政府为了基本建设,圈一块地到银行套现70%,再圈一块地再套现70%,这样不断滚动的结果,当然是一方面大量土地被征占,地方建设发展了,另一方面也累积了庞大的潜在债务。到底现在有多少万亿元,说不清楚。80年代、90年代和新时期这三个不同十年的三次占地,各有各的背景,因此会导致占地越多带动的就业越少,现在这种占地建的其实主要是那些广场之类的楼堂馆所,这些不是生产性的,是消费性的,甚至不可能产生收益,因此带动不了就业。

土地城镇化快于人口的城镇化,什么原因造成了两者之间这样一个滞后效应?

谢扬: 这是中国体制的特殊现象。我们早期发展工业,包括改革开放前期和中期,都创办了开发区。往往开发区都是在城市的近郊、新区,很少在老城区建立,像中关村这样的都比较少见,多数都是在新城。当它发展起来之后,发现这新城和老城之间是有关联的,要有交通设施,要有楼堂馆所,要有大量的服务业。新区、近郊的地不够成熟,但按国外的规律,应该对土地有约束,应该挖潜存量用地。中国不行,中国的城市用地改革推进很难,城市居民、国有企业,做通他们工作的难度相当大。相比较而言,从农民手里拿地是最便宜的。征地最廉价,因此大量的扩张,不管是以开发区名义扩张,还是以城市的综合发展扩张,都把手伸向农民。征地后再给点青苗补偿费,安置几个人就业,给个城市户口就能解决。而我们城市的土地实际领域,原有的国有土地的实际领域,现在有招拍挂,当年有划拨,获得这些土地利用权,包括上市,那是很容易的。这种成本比较起来很低,但是即使划拨,如果要二进三,要把城里的企业迁往郊区，人员安置的成本也很高。因此我们一直走的是土地扩张的路，城市扩张的路，这种扩张当然得反思我们的征地制度。

温铁军：我最近在南方作调查研究，有一位企业老板说，现在政府向我要产值，要GDP，我这GDP都在仓库压着。目前市场情况不好，特别是出口企业相当多都是产品难卖。买方市场，产品压库，怎么办？我这产值是虚的，企业没有效益，银行不肯给我贷款。全球22大类产业，基本上是过剩的，有的过剩率在75%以上。全球产业过剩，当然会出现金融资本过剩、产业资本过剩。金融资本会追什么？追地产。企业的产品积压在库里卖不动，地方政府跟企业联手想办法，把原来的老厂区变成城市的所谓第三产业园区，然后到郊区再征块地，企业就又从银行拿一大笔钱。城市也好了，企业也好了。谁倒霉了？农民倒霉了。这种增长是虚假的，不是真实的增长。在南方地区，像这种现象恐怕也不是孤立的，希望大家不要简单地看土地问题。城区面积扩张，带动就业下降了，表面看是这样，本质地看，它预示着我们现有的经济增长方式，还是比较粗放的。在粗放的情况下，它不能自我消化、自我解决问题的时候，就会外援地去扩充资源，把土地资源资本化，占有资本化收益，这未必是好现象。

我国的城市人均用地面积是133平方米，这样一个数据，是不是某种程度上也说明，城市的发展用地是比较粗放的？

温铁军：这说起来更复杂，首先得看清楚，大量的城市房地产是投资性或者投机性的买房。按人均一算，其实还有很多人没有买。这并不是真的简单算比例。比如温州炒房团，它在二线城市、三线城市炒了不少房，但这都是投资行为，并不意味他们是当地的人口。尽管占地很多，房地产也都发展起来了，但是人口并没有上去，这是第一。第二，中国整体结构在不断抬升，越是强调调整结构，也就越意味着资本增密、技术增密太少了；而产业结构越高度化，意味着资本和技术越密集，用的劳动力相对就少。随着我们不断调整产业结构，这种趋势已经出现。客观地看，指望制造业大量吸纳劳动力就业，带动人口转移，这个路子走得了多久，很少有人能够真正跳出来看清楚。发达国家全部制造业劳动力综合才不过九千多万人，不到一个亿，即使把发达国家全部制造业都转移到中国来，也根本不够我们吸纳。我们得扩大内需，内需在中国还是一个比较有潜力的领域。如果真的能够形成大中小并举，既有城市带、城市群，又有城镇化中心镇的发展，这些基本建设的需求就是一个很大的领域。这种方式也许能以基本建设相对拉动就业，提高就业的现金收入水平，带动国内市场需求。

与土地相关的问题，解决之道，不一定从土地本身来解决，可能需要更大范围甚至根本制度上的安排，即从宏观层面上有一个根本性的安排。但不可避免的是，土地依然是城镇化当中非常重要的载体，也是在整个城镇化过程中一个非常活跃的因素，更是7亿农民的命根子。现在很多地方在推进城镇化的过程中，都是以统筹城乡土地作为突破口，进行土地调整、整理以及城乡建设用地增减挂钩等方式，解决小城镇发展缺钱、大城市发展缺地的矛盾。但现在的问题是，当城市拿到地之后，农村和农民是否拿到了相应的、足够的补偿呢？

一些地方农民因补偿过少不惜铤而走险，甚至引发极端事件。而与此相反，近来北京、深圳等地享受同城同价补偿政策的农民大发占地财，一夜暴富的千万富翁大有人在。农民得到的补偿真的很多吗？补偿失去土地的农民，最好的办法是什么？

温铁军： 我举一个例子，前不久我去日本作了一次交流。日本种植业的总量大概价值三万多亿日元，但是日本综合农协系统抓农民金库，日本农村金融所运作的资金规模是八十多万亿日元，八十多万亿对比三万多亿简直就是天壤之别。为什么是这样？其实大部分是日本农民的地产，转化土地买卖，从原来的土地资本变成货币资本。日本是在用综合农协体系，用农村金融、农民合作金融体系，运作日本农民土地转化成的货币资产。这种运作甚至是在国际资本市场，它的收益当然是农民的。因此真正保护农民收益不是靠单家独户，而是要靠小农经济基础上的一个综合农协体系。我们的新农村建设本来就有学习日韩综合农协模式的内容，只是现在还很不到位，出现了一些问题。比如说因土地收益变成千万富翁的现象，还仍然是个体的，并不能体现真正让农民长期稳定地得到发展机会。

谢扬： 我觉得从法律范围讲，某种意义上都是合理的。不仅城中村农民有这么多补偿，城市居民拆迁补偿也是如此。因为规划区范围现在是同城同价，所谓城市居民补偿是什么标准，农民也应该是什么标准。比如说北京为办奥运，一平方米补三四万元，不是少数，不管是城市居民还是农民，拆迁都一样，同城同价。还有一个问题，也就是在很多城中村的改造过程中，同时进行农村产权制度改革，把农民补偿款分成几方面的支出：有土地补偿、有资金补偿，就是养老金补偿；除了给现金补偿之外，还要让这个村的集体发展有后劲，让农民不要急着把钱拿去消费，还要进行一些积累，因此给了一些国有土地留地政策，让它去发展物业，发展其他第三产业或者制造业企业都可以。

此举最终目的不是一下子很彻底地把土地从农民手上拿走，而是要让农民有长期的立身之本。这可能跟土地有关，你可能不直接在土地上耕种，但是你依然能够持有它一定的股份，能够有一个长期的生血造血功能。

这个关键点就是留地留的是国有地。这块土地除了征走的部分，还留有创业的机会，不是把地征了，把农民留在农村继续搞农业，工业没你的份儿，城市没你的份儿。地要拿，人还要管。不光是给补偿，还要给社会保障。实际上有了发展的根基，农民也是城镇化的主导力量，这是核心内容。

农民在寻求保障自身权益的时候，可能产权不够明晰，在整个征占过程中，他没有足够的参与权、发言权，第三收益的分配权也不在农民手上。如何才能有效解决这方面的问题呢？

谢扬：我觉得现在的政策执行离刚才提的终极目标还是有些距离。首先，征地作为一个制度还是保留的，补偿无非是四块：土地补偿、劳力安置补偿、青苗补偿、地上物补偿。但实际上对农民的住房、宅基地补偿没有涉及，是空白。其次，按我们现行物权法对耕地、承包地、宅基地，都有物权的定义，这些都已经有财产权的概念了，但是征占还是只改了一个字，原来叫征用，现在改成征收了，收就是有个交换。新的《土地法》可能要提高一点，如果还是这个框架，就无法覆盖。现在很多地方提出来，我给农民社保，换城市住房，不管是社保也好，住房也好，这是公民权利范围，跟财产权是两个概念。过去这两个概念可以混为一谈，但是现阶段需要分开，就是说，不能你拿地了我才给你上保险。按道理来讲，应该所有非农就业人员都有统一的公民保障性，包括养老、医疗等等。现在我们的养老医疗制度已经逐渐全国化，如果还按老思路去考虑，就不够了。所以，现在文件规定，除了那四项补偿之外，要给农民解决养老保险必须用政府土地出让收入，另行开支来解决。现在虽然有规定，但各地执行不一样，大都还是在原来的那点儿份额里挤来挤去，还美其名曰用土地换社保，我觉得偷换了概念。

住房也一样，现在没有严格意义的宅基地补偿标准，因为宅基地不能买卖，也不能转让，只有国家征用，征用时用耕地补偿为标准。各地宅基地的标准是各省界定的，因此，很多地方出现了多年冻结宅基地，又没有分新的宅基地，这一系列矛盾在我们制度设计中都没有完善。所以，十七届三中全会对此开了两个口子。凡是规划区同城同价，跟城市居民一样，城市居民补偿多少，农民也补偿多少；规划区之外，可以采取农民参股，只要不是公益性用地，其他用地可以占股。目前争论在这两个框架里进行，而实施细则还没有出来，需要一个过程。

如果我们多要地，少要人，不解决农民的长期保障和生存发展问题，会有什么后果？也就是长期保持7%大于4%这个比例，甚至逐渐扩大，会出现什么后果？

谢扬：我们现在搞的城乡统筹除了农业的投入之外，还有大量的合作医疗，包括养老、社会保障。农村养老制度、农村低保，这都需要大量资金。如果解决农民的长期保障问题，政府财政责无旁贷。对土地收入来讲，既要搞城市建设，又要进行这种大量投入，政府财政就可能捉襟见肘，就会逼迫制度变革。

温铁军：在地方预算无约束的情况下，政府绝对不会感到捉襟见肘了就怎么样，只要窘迫了，就圈一块地，到银行一套现，拿来就花钱了。因为官员任期都是短期的，只要过了任期，GDP上去了，就万事大吉。

如果不能依靠个人的意愿或精神去解决问题，那我们能不能依靠更加完善的制度来解决？

温铁军： 要完善制度。第一，要提高农民组织化程度，让农民有合理的表达机制；第二，需要动点大手术，改变政府的财税体制，也就是调节中央和地方的关系。如果这两个大的问题不突破，现在的小打小闹都解决不了多少问题。

谢扬： 我觉得这种观点过于悲观。我举几个例子，由于征占土地，侵犯农民利益，造成很多的上访告状，被称为群体事件。但现在已经有更多例子，告倒省政府、市政府的案例不是一两个。就在现行法规下，省政府、市政府、县政府败诉的例子相当多，这说明我们的法律逐渐完备，为农民保护自己的权利提供了通道。目前主要矛盾是一些地方政府打着改革旗号、打着城乡统筹旗号去拿农民的地。2010年一号文件就明确了，城乡土地挂钩必须国土部批准。没有国土部批准，一律属于非法征地。你再怎么符合省里文件，符合征地制度，只要是挂钩市里，不是正式批准的，就全违法。

不管悲观一些也好、乐观一些也好，土地管理法依然在进行着一个不断修改完善的过程。2003～2008年，成都城镇化试点过程中显示，在农村的教育、医疗、社会保障等公共服务方面，完成的专项转移支付从原来的8亿元上升到了68亿元。这两个数字让人受到极大的鼓舞，可以想象，当农民真正共享了发展的成果，真正极大地改善了农民的生活环境、生活品质的时候，他们该多么认可和支持这条城镇化的道路。相信中国的城镇化道路会更加和谐，农民的生活也更加幸福。

聚焦中国 FOCUS ON CHINA

朱　青　中国人民大学财政金融学院教授
韩保江　中共中央党校经济学部教授

国企利润如何惠及于民

2010年4月10日，国务院总理温家宝在《求是》杂志撰文指出："收入分配制度改革至今仍相对滞后，要进一步打破行业垄断，完善对垄断行业工资总额和工资水平的双重调控政策。"

4月10日，国家发改委就业和收入分配司司长张东生，组织相关人士召开闭门会引发媒体热议。张东生表示，不管怎么样，今年必须拿出东西来，收入分配不能总是空谈。据报道，张东生司长所说要拿出的东西就是收入分配改革方案。张东生说："要建立国有企业和垄断行业分红机制，通过向社保基金划转权益，向公共预算调入部分收益等方式，建立居民分享国有垄断企业利润的有效途径。"

有数据显示，央企职工人数仅占全国的8%，收入却占全国职工收入总额的55%，如此不平均的分配结构，难免会引起公众的关注。对此，媒体普遍解读为："此次收入分配改革，发改委将首先向国企开刀。"那么事实会是如此吗？要切国企利润这块蛋糕，难度到底有多大？能取得预想的效果吗？

朱青：国有企业，特别是垄断性的国有企业，职工和高管的收入比较高，这是我们现阶段收入分配不公、差距拉大的原因之一。当然我个人认为，收入分配差距拉大，不仅是国有企业这一块的问题。我们的问题要一块一块地解决，垄断性国有企业的性质是国有，政府是大股东，是老板，因此从这个角度来看应该是政府说了算。所以我认为要解决这个问题，发改委首先要从国有企业入手。

韩保江： 改革开放已经三十多年了，现在人们最集中关注的一个问题恐怕就是收入分配问题。发改委作为统筹改革与发展的综合部门，它总得要找个切入点，所以选择国有企业的内部和国有企业与国家之间，这样一种分配关系做抓手，应该说更得心应手。

6000万元，天价年薪，让国企老总饱受公众质疑。国企高管巨额年薪的背后，到底暗藏什么玄机？我们到底是不是把国有企业当作一个自由市场竞争当中的市场主体？如果我们认为国企是一个市场主体，很多争议实际上不存在。比如说：央企为什么就不能干房地产？最近国资委反复说：我们央企的一把手高管只有50多万元的年薪，很多人还不信。但如果它是一个自由竞争的市场主体呢？比如说美国一个上市公司的CEO，年薪拿一千万或者几千万美元很正常。因为对于某些产业来说，高管就应该是这个价。

朱青： 这里需要注意一个问题，从经济学理论上讲，企业的CEO工资与所有制无关，关键一点，CEO的工资跟他的努力是否挂钩。

但现在很多人关注的不是结果，强调的是过程。你是如何坐到这个位置上的？坐到这个位置上以后，你都干了什么？弄清了这样的过程，跟回报挂钩才能让人信服。

韩保江： 为什么大家对现在高管人员的工资有意见，主要是高管的产生方式。如果是市场聘来的职业经理人，通过股东选举、董事会聘任请来的，跟人谈什么价就是什么价。现在的问题就在于，很多国有企业的主要负责人是行政委派的。这是老百姓，可能包括同级别官员本身所不平衡的。

国企分配的不公，老百姓体会得最深刻，对老百姓来讲，收入分配的不公叫刺骨之痛。这一现象是怎么形成的？

朱青：现在效益比较好的，都是一些大国企。但国有企业占据的行业，大多是一些垄断性的行业或者规模经济的行业，所以企业的利润率相当之高，即使征税再高点儿，让企业再交点儿利润，企业税后利润率仍然非常高，因为是垄断利润。不仅是中国，西方发达国家其实也有国有企业。但西方国家的国有企业是不挣钱的，欧洲大陆国家对国有企业的管理比较严格，企业直接国有，国有企业的职工和私人企业的职工的工资差距远没有这么大。在西方市场经济国家，国有企业的利润水平是国家控制的，它的工资水平国家能够调节。还有一种是美国模式：私人垄断，但是国家控制价格。像我们这种情况，国有企业占有垄断地位，但是它的价格很多是自己确定，在这种情况下可能就容易有超额利润。而且行政的缰绳几乎对它没有扼制的作用，管理比较松散。

韩保江：从我国的情况来看，国有企业确实存在垄断问题，但国企的价格也是在政府控制之下的。巨额利润可以从两个方面去看，一个是垄断，就是因为有规模，加上成本定价，只要在成本的基础上加上利润，在垄断寡头的绝对优势下，也能够拿到足够的红利。从经济学上讲，这就不是利润，这是权力的租金。但有一点，还是要公正地去看，三十年的国企改革，国有企业内部的机制也改革了，国企的劳动成本相对低了，企业成本下降，管理效率相对提高，收益也增加了一部分。

但如果站在老百姓的角度来看，很多人会觉得国企毕竟归全民所有，不归具体的个人，凭什么是你们这8%的人在这儿享受这份肥差呢？

其实不妨这样来看，把国有企业做大、做强，这是国家改革的目标。但问题在于，国家做企业干什么？一方面，除了国有企业发挥它应有的功能之外,它还承担着很多国家的职能、社会的责任,更重要的是,国家办企业也是为了挣钱。关键是挣了钱怎么分?这是根本问题。因为是全民的资产,你代我经营,你赚了钱应该分给全民,我是出资人,结果你内部分配了,这是当前老百姓关注最集中的问题。

朱青: 从国外的国有企业来看,很多都是不赚钱的。欧洲的铁路,比如就像北京到上海那种,甭管有人坐没人坐,半小时一趟,主要还是侧重于公共服务。

最近新闻报道里,无一例外都提到了一个词,就是发改委的"闭门会",我们能够解读它是一种放风声,然后扔石头,来测试社会反应或者说给一点预兆的心态。看来这件事情难度还是特别大,不是说国家手起刀落,就能把事情办了。收入分配的难度在哪里?

朱青: 改革开放以后,我国主要搞经济增长,就是老百姓说的做大蛋糕。现在我们谈收入分配,是切割蛋糕。切割蛋糕的问题,比做大蛋糕的问题更困难。为什么呢?所谓收入分配,就是把你的收入给我一块,那就动了你的利益。收入分配是要动一部分人利益的,无论是动国有企业职工的还是动私营企业职工的,只要是收入分配必然是一部分利益集团受益,一部分利益集团受损。所以在这种情况下,必须得有一些切实可行的措施。否则,怎么能够让张三的收入自动转移到李四手里呢?必须有一定的机制来实现,这是很有必要的。

有这样一个数据:俄罗斯的石油大亨,采出来的石油90%的收益都归国家税收,而我们国家好像只有10%。就拿中石油来说,这个改革力度好像会非常大，这一刀真要切下去，切到老百姓满意的程度，会是狠狠的一刀。这种改革需要多大的力度？

韩保江：包括中石油、中石化这些大企业，我觉得现在它正处在发展当中。而我国的现实情况是国家资源面临很大的供给压力，必须要有充足的资金到国外去购买矿山，去拥有别的大公司的一些股份。那么在这个时候，如果把企业应该发展的资金全拿来分了，这对企业目前发展很不利，长远看也不一定有好处。

我个人认为，还是要从企业之间、企业内部的员工之间着手。现在老百姓对国有企业利润分配有异议，一是因为国有资本赚的钱应该归全民使用。老百姓对全民使用的概念，不是说非得落到每一个人口袋中，比如说用在国家发展建设上也未尝不可。但国有资本不管赚多少钱，钱应该花在明处。老百姓现在的意见，主要集中在这个钱是怎么花的，是不是国企把它给昧了。

朱青：韩教授讲得非常有道理。国有企业还存在发展问题，不能说现在搞收入分配公平了，就通过分配把国有企业利润全都分没了。其实在改革开放初期，对国有企业有一个制度，是可以借鉴的。比如说当时利改税，利改税的时候要求企业交完所得税和调节税以后，企业的税后留利也不能全发工资。当时规定，企业的职工福利基金和职工奖励基金，不能超过税后留利的40%，剩余60%用于企业的生产发展、更新改造和后备基金。所以当时国有企业税后留利形成五大基金，职工福利、职工奖励不能超过40%。像这个经验其实是可以借鉴的。

但从什么时候起，这个宝贵的经验就丢了呢？

朱青：那就不清楚了，最后也没有这个限制了。

韩保江： 关键还是国有企业的工资跟企业内部的工资之间怎么建立联动的关系，企业内部的工资怎么跟社会上的工资建立联动的关系。刚才朱老师说了，建机制非常重要，但现在缺乏的就是合理的机制，甚至包括国企与国企之间，分配差别也很大。中石油、电信这些相对的垄断企业工资较高，以农业、贸易为主的国企，有的工资也不高，甚至还有亏损的。所以说，我觉得现在社会缺乏怎么去平衡各种分配关系的机制。

如果我们强行进行限薪，国企或央企的工资就不能高于多少，这实际上也不是市场经济的做法，在某种程度上，一定会限制效率和创新。

朱青： 限薪是正确的，但关键是限制的水平。如果限制得过低，影响了这些行业职工的积极性，就不妥了。强调公平是正确的，但不能因为强调公平，损害了效率。所以要有一个平衡，就是寻找均衡点。为什么中央这么重视公平问题，因为现在收入分配问题到了一个非解决不可的地步了，所以在这个情况下，当然要想各种办法，来解决收入分配不公平的问题。但是在此过程中，措施又不能过于激烈，调节的力度不能过猛，也就是不能矫枉过正。如果矫枉过正，有可能会把改革开放最重要的东西给否定了，所以尺度的拿捏非常重要。

发改委召开闭门会，引发媒体猜想，即将出台的收入分配改革方案到底会给我们带来什么？这一轮方案当中，可能会包含哪些措施？

朱青： 我觉得可能会有两点：第一，提高最低工资。初次分配是由市场决定的，在这种情况下，政府是不是能够有所作为呢？比如说，对职工的最低工资进行规定。最低工资过去可能是800元，现在提高到1000元。这样的话，就使一部分低收入者的收入有所提高，这是政府通过法令的形式可以实现的。第二，限高。也就是说国有垄断部门，高管或者职工的平均工资，不能够超过市场平均水平的几倍。一个是限高，一个是制定最低工资标准，这两点是政府有关部门可以做到的。

韩保江： 十七大的时候，实际上对下一轮分配制度改革，已经有了一个基本方向的判断，叫托低、限高、扩中（扩大中等收入的阵营）。我觉得大的方向，仍然是发改委这次确定新的分配制度改革的总方针和方向。从国有垄断企业作为切入口，应该先平衡企业之间、垄断行业与其他产业之间这种关系，再解决平均分配的问题。很重要的就是在再分配这个环节，如何发挥政府作用，通过收、支这两项工作，来平衡不同利益集团、不同社会阶层、不同地区、不同行业之间的关系。

关于收入分配改革的问题，还是成思危先生那句话：中国改革不怕慢，就怕站。只要你看到它按照历史的趋势，在不断地进行推动，不在乎当前有多少不合理，关键是它的趋势怎么样。收入分配合理，让每个人在市场面前更加公平，朱青、韩保江教授的解读让我们看到了这个话题的破题之举。

赵 萍　商务部研究院消费部副主任
叶 闪　时事评论员

中国制造中国贵

以前内地物价比香港便宜很多，香港人往往到深圳采购日用品，大包小包满载内地产的蔬菜、水果、纸巾、袜子和油盐酱醋等日用品返港。自2010年以来，内地物价上涨，加之人民币升值，很多日常生活用品价格反倒比香港还贵了两三成，于是包括酱油、奶粉甚至卫生纸之类的生活用品，都成了内地人去香港狂购的目标。有人专门对深港两地的超市日用品物价作了对比。在香港超市，一瓶500毫升"李锦记"生抽酱油的售价折合人民币为5.95元，而在深圳是6.6元；深圳鸡蛋已涨到9角一个，而差不多大小的同品质鸡蛋在香港折合人民币不到7角一个；红富士苹果在深圳买平均一个要4元钱，而同样大小的同类型红富士苹果在香港10港元能买4个。

从2010年年底起，"去香港打酱油"成了网络热词。同样的商品，因何在香港竟然如此便宜？

赵萍：我觉得不能只是把香港的价格和内地的作比较，应该把中国的价格和其他国家的也都作一个比较。我们可以发现，国内很多商品的价格都比国外高，不仅仅是生活日用品，可能还包括其他高档消费品与服务。比如，在美国看一场电影，可能不到10美元。所以相对于收入水平来说，我们的商品和服务的价格其实都是非常高。香港的物价之所以引起关注，是前所未有的一种矛盾冲突，一种戏剧性表现引起的。我去香港，要有钱我可能去买劳力士，要没多少钱我会买几件衣服，它可能品质好还便宜。可现在就是打酱油也去香港，这就不得不令人深思。所以当物价成为新的由头的时候，大家就空前关注。

我们现在身处"世界工厂"之中，为什么反而享受不到买便宜商品的好处？我们生产的东西，加上路费，漂洋过海之后比国内还要便宜，有的甚至有将近一倍的落差，其中的原因何在？

赵萍：我觉得同一种商品中国国内的价格比国外价格高的问题，并不能仅仅说是某一个方面的原因造成的。有的人会说因为我们出口的商品享受出口退税，比如原来的出口退税是9.8%，现在最高可以达到17%。那么出口退税达到17%，是不是出口的商品价格，就应该比国内商品便宜17%呢？把这个原因归咎于出口退税上，其实是有失偏颇的。为什么这么说呢？出口商品它本身享受退税不是中国独有的，世界很多国家的出口政策，都采用出口退税来促进国内的出口。但是在进口国家，它还可能会针对出口退税的商品，征收报复性关税，就是超高的进口关税。那么即便没有被征报复性关税，也会被征收常规的进口关税。

我认为国外商品价格比国内的低，原因可能出自多方面。商品本身的成本一样，工艺一样，它的价格为什么比别的地区的价格要高？这可能就在于货币本身。那么同一商品它卖得贵了，说明这个货币多了，简单说就是中国的钱太多，我觉得这是其中一个很重要的原因。

第二个比较重要的原因，就是流通成本的问题。在国内流通看似距离很近，但并不意味着在这个短的距离内，企业的花费会少。首先从流通方式来看，从中国运到美国是海上运输为主，轮船运输是比其他交通方式都便宜的一种运输方式。在国内主要运输有两种，一种是铁路运输，一种是公路运输。铁路运输比较困难，客运往往都一票难求，对于货运来说，想要排上队也是非常难的，首先机会很少，其次费用很高。还有这样一组数据，从广州到北京，公路运输一路上要交的费用就达1000元钱，甚至都可以和机票相媲美了，有些打折机票甚至都不到1000元钱。所以企业的物流成本非常高，即便在国内运输路程很短，但费用一点也不低。这些物流成本都由消费者来买单，所以我觉得国内商品售价高很重要的一块是物流成本高。这一块一定要降下来。

对中国内地消费者来说，具有吸引力的不仅仅是香港的酱油。2011年年初以来，许多出境游的中国游客都多了一项购物任务：大量采购茅台酒和中华烟，因为境外售价比国内便宜很多。据媒体报道，在美国华盛顿商店出售的375毫升装53度飞天茅台酒，售价折合人民币约550元，而相同品牌和容量的茅台，国内售价约为1050元，是国外售价的近两倍。差价如此之大，让当地茅台酒从2010年12月起销售异常火爆，一个月的销量顶得上平时一年的，且购买者都是准备带它回国的中国人。

此外，一些消费者还通过网上代购的方式购买海外商品。在某电子商务网站搜索"海外代购"，衣服、化妆品、皮包、手表、电子产品的代购服务应有尽有，而且消费者可指定美国、日本等购买地点。2010年度中国电子商务市场数据监测报告显示，2010年中国海外代购的市场交易规模达到了120亿元，购回的商品中有相当一部分，其实根本就是"Made in China"。中国人为何要到国外买国货？中国厂家制造的商品，凭什么在国内卖得比国外还贵？

叶闪：这颠覆了大家的一个常识。大家都以为一件衬衫漂洋过海去美国，肯定比卖到北京的运费要贵，但实际上恰恰相反。阿里巴巴马云现在准备搞自己的物流公司，为什么电子商务企业这么重视物流？说白了电子商务企业其实是个零售企业，零售企业是渠道为王，只有有了自己的物流才能发展下去。为什么一定要有自己的物流？例如制一件衬衫，需要依托铁路、高速公路，有人可能说农产品有绿色通道啊。现在大白菜进北京，绿色通道可以，但是油费付不起，太高了。有一家服装厂的老板曾这样讲，做外贸，虽然价格很便宜，但却是现金结算。可要是挂到国内的商场，那对不起，首先有账期，有利没利先等上四个月，四个月以后能不能结账，谁也不知道。所以我也对不起，价格上先翻个番再说，有时候挂到国内商场的一件衣服，至少翻7倍。

这些本来不应该算在成本之内的，所有的纳税人都把这个成本给均摊了。所以我们看见的商品定价，贵都是有一定理由的。从上世纪80年代到现在，我们的消费经过几波浪潮，具备几个明显的特点，从从众到个性化，但个性化只是在中等商品当中体现较为明显。所谓的小资，只是收入水平处于中等，开始追求个人品位、个性化的消费方式。实际上对于中高端，或者高端消费来说，从众心理还很严重。比如说奢侈品，很多人对奢侈品品牌的文化并不了解，只是认为我富了，我就要有能显示身份地位的东西。发现有钱人很多都背品牌包，穿带Logo的衬衫，那么我也一定要背要穿。先富起来的这个阶层，从众心理是特别严重的。

赵萍： 很多人的购买心理在于希望能把自己与低阶层区分开来，说我和你是不一样的，就在于我穿了这件西装，而你穿了那种西装，那么我比你优越。所以有些小姑娘节衣缩食也得买个LV包。但LV有自己的定价策略。这种畸形的现象是什么？就是它本身并不是一个真正的名牌，它可以卖得很贵，利用的就是人们心中这种崇洋和攀比的心理。现在有的国货在国内卖得比国外贵，这个结果可以说是我们自作自受。因为这种货在国外往往卖得并不贵，有的甚至非常便宜。

叶闪：假如企业制了一件西服，挂到大商场，比如说赛特，没人买。如果拿几个罗马字母拼出来，价格可能马上就抬上去了。如果再做点策略，跟真的LV似的，再给商场付点钱，和它们摆到一块，借牌子唱戏，搭搭身价，也许还可以再加5000元。

同样一个苹果，中国人民币比美元买得要贵。应该是人民币币值被高估了才对，可是美国人还拼命在喊人民币被低估了。这一反常现象怎么理解？

赵萍：说到币值问题，可能很多人就会提到一个"巨无霸指数"。人们说利用"巨无霸指数"来评价美元和人民币的币值问题，发现人民币实际是被高估了，美国人想要求人民币升值，才说人民币被低估。为什么呢？因为在美国买一个巨无霸套餐大约需要4美元，在中国可能20元钱就够了，那么就是人民币实际有更高的购买能力。并不像有的人说的，现在人民币的购买力是1∶6，所以美国人说人民币能升值。汇率的比例关系，并不是特别准确。利用"巨无霸指数"去推断中国人民币是不是应该升值，对中国是不利的，它并不完全客观。实际上我们感觉到手里的钱少了。相对于我国GDP增长速度，相对于人们工资上涨的水平，货币多发了，但是多发的货币并没有流入人们的手里。我们回顾十年前，房价很便宜的时候，那时才一两千元一平方米，我们买不起房。因为大家手里没有钱。现在我们发现可能月薪拿5万元、8万元，但还是买不起房。为什么？因为房价涨了。也就是说相对于商品来说，我们手里的货币依然是很少的。多发的货币去哪儿了？是作为资本的回报，回到了投资人的手里，比如说投资企业，投资房地产，尤其是金融类产品。大量的钱可能被冻结在高楼大厦里，冻结在如火如荼的高铁工地上，并没有到老百姓的口袋里。

叶闪：拉回现实来说，我们也讲得稍微困难了一点，社会本身劳动效率的提高，并没有像那些广义货币那么大的数字体现出来。我们的劳动收入和劳动效率在这么多年里实际并没有得到太大的提高。比方说房地产这些年涨了多少，但房地产增长带来的GDP数字上的增长，它并不能多生产一只鸡蛋，多生产一件衬衫，实际上金融工具在起着剧烈的二次分配的效应。

现在广东、浙江给农民工涨工资，是因为企业真的赚了很多钱，主动给员工派发红利涨呢，还是因为泡沫而涨？正是因为泡沫，比如说房地产一些过度投资之类，拉动整个能源、建材等一些原材料价格上涨，造成企业运营成本上升，再加上外部一些不利因素，导致企业利润空间越来越低，物价开始上涨。物价一涨，反过来农民工要求增加收入来维持生活，涨工资的程序实际上已经反过来了。当这一轮工资是因为被迫上涨的时候，我们就能够得出结论，社会本身并没有使劳动效率有太大的提高。

这其实是收入和物价之间的一场赛跑。谁赢谁输还得走着瞧。

2011年春节期间，香港、澳门的媒体报道称，因内地游客在当地抢购进口婴幼儿奶粉，导致两地奶粉货源不足，价格几创新高，引发"奶粉荒"，并出现内地旅客因买不到奶粉而鼓噪的情况，以至于香港商家不得不对内地顾客购买奶粉实施"限购"。除了价格因素，是什么原因让内地消费者选择去港澳和海外消费？

叶闪：选择哪种价格，大多都是心理原因，但要打破这种心理并不那么简单。如果内地所有的像婴儿奶粉之类的东西能够让家长放心，他还会千里迢迢跑到香港或澳门去买吗？这个个案直指的一个问题就是制度成本。我们知道，从经济层面讲，价格构成里可能不包含制度成本。但从社会运行的角度讲，每一个商品背后都有它的制度成本。商品背后支付的制度成本到底是高还是不高？香港有更严厉的食品安全方面的检验程序和措施，可能给内地公众心理造成"香港品好"的印象。比如前几年发生的丙三醇事件，是香港政府检测出来的，所以大家都相信它的东西，也就是说有关部门在建设这套程序和机制的时候，已经把制度成本给预付掉了，到位的制度，是让价格降下来的润滑剂。所以当看到有些负面信息的时候，就不免会想，我不能对不起我的孩子，我宁可多跑五百公里到香港，买一罐让我放心的奶粉。

赵萍： 我觉得这是观念和制度两方面的问题。一方面我们作为发展中国家，产品质量安全的标准比发达国家和地区的可能要低一些。这是发展过程中的必然现象。随着生活水平的提高，包括我们技术水平的提高，标准肯定会有所改善。但现状就是这样，所以老百姓觉得我们不如发达国家和地区。不过也存在一个问题，就是我们现在特别容易对食品质量安全形成恐慌，老百姓被吓怕了。

我记得当年在美国的时候，当时炒作得最热的话题就是"特氟龙"，即不粘锅的"特氟龙"容易致癌的问题。我没发现周围的美国人关注这条新闻。但我在网上看到国内的新闻媒体极其关注。也就是说对同一事件，国人的反应会出现一个排浪式的特点，可能会产生推波助澜的效果。所以我想国人首先认定我们的产品质量标准是相对低的，而一旦发现产品安全质量问题的时候，就会产生恐慌心理。对此，国家应该增加产品质量安全的透明度，让老百姓对食品的标识更加了解，老百姓才能放心。保护消费者权益有两种模式：一种是国家规定企业必须怎么做，就强制企业标识什么；另外一种是企业自愿标识，就是把所有用的原材料全部标识出来，至于哪个有问题，哪个没问题让消费者自己去判断。这种透明化的管理，可能对于消费者避免恐慌心理是非常有好处的。

让我们作一下展望，未来商品价格会回归吗？中国的消费者跟世界其他国家的消费者一样以同等价格买到同样产品，这一天什么时候会到来？如果会到来，需要什么条件？

赵萍：我觉得这一天肯定会到来，可能会在不太久的将来。随着改革开放进一步深化，社会的结构让竞争更加自由化，自由竞争更加充分，制度成本会有所下降。更多国家的商品可以进入中国，通过全球化的竞争导致我们的商品价格进一步下降，所以我觉得应该在不久的将来会出现。

叶闪：刚才讲到退税，好多企业根本就不追求商品本身的利润，它要的就是退税那点利润。这样的企业唯一能做的就是拼命降低劳动力价格。可以想象农民工在这样的企业，收入能有多少？如果我们考察生产链条上的某一端，而其本身受益最低的一端，只有在觉得活得有尊严的时候，像温总理讲的那样，可能我们就开始要求价格公平，跟世界接轨，这种胆气就足了。那一天如果到来，我觉得根本问题可能跟汇率也会有一定关系，到时候，世界自然会对汇率作出更科学、准确的判断。

此外，我觉得还存在一个问题。在贺岁片《非诚勿扰2》中，李香山和芒果离婚的时候，秦奋让他们对着什么发誓呢？不是《圣经》，也不是《宪法》，而是对着一沓钱发誓。如果我们可信任的东西，是超越了钱的东西，我想问题也就解决了。

其实在市场经济走向均衡的过程中，很多问题自然会一一解决。而现在正是市场经济有各种各样的隔阂、各种各样的障碍，使它不均衡。市场也需要一根矛，事情的发展总是超越我们的想象，相信价格会在市场的调节和政府政策的合理引导下回归的。

2010年4月，陕西省首富……经济适用房分配引发social……然大波，最大经济适用房小区首期610套房子中，409套落入政府工作人员手中，其中某市……

……3300元，而该批经济适用房每平方米单价仅为1500~1700元，……市场价格低1/4。2010年……员，陕西省延安市宝塔区……出现大批超标经济适用房，……知单套面积和其无法知1/2……

第二章
沉重的房子

谁动了我的经适房
中国百姓何时安居乐业
高房价真的到了穷途末路

聚焦中国 FOCUS ON CHINA

王福重　中央财经大学政治与经济研究中心主任
窦含章　资深财经评论员

谁动了我的经适房

2010年4月，陕西省眉县经济适用房分配引发轩然大波，最大经适房小区首期610套房子中，409套落入政府工作人员手中，其中甚至还有部门"一把手"。眉县商品房每平方米价位在2000~2300元，而这批经适房每平方米单价仅为1500~1700元，比市场价格低1/4。

2010年5月，陕西省延安市宝塔区出现大批超标经适房，有的单套面积甚至达到270多平方米，中低收入家庭只有"望楼兴叹"，任由高收入者高价倒卖。

近年来，本应造福于中低收入人群的经适房却暴露出越来越多的违法违规现象。个别高收入人群造假骗购如影随形；申购摇号频现暗箱操作，不断爆出诸如武汉"6连号"、湖北老河口"14连号"。更为荒唐的是，郑州经适房用地建起成群豪华别墅，深圳经适房小区里停满奔驰、宝马等豪车……经适房带来的社会不公再次引发热议如潮。

经济适用房到底哪儿出了问题，是因为我们国家反腐败的力度不够，还是这个制度本身有问题？

王福重： 现在经济适用房的制度存在一定的问题，我认为有两方面的原因：第一，信息不对称，甄别有困难，很难判断一个人提供的收入证明是真实的；第二，存在太多模糊的部分，也就是自由裁量权太大。比如什么叫中低收入？我说你是中低收入你就是，说你不是就不是。因为经济适用房本身的特点是微利,买到经济适用房的人将来再卖,会有很高的收益,因此就会形成一个非常大的寻租空间。

经是好经,是和尚念歪了,还是应该怀疑这本经本来就不是好经?

窦含章: 有关经适房的讨论其实已经走入误区。经适房本身无疑有一定的问题,但现在这些问题被严重夸大了。媒体的报道,包括一些言论,实际上对公众造成了一种误导,甚至妖魔化经适房的作用。从1998年房改开始,到现在十几年的时间,经适房给中国广大的中低收入家庭解决了住房问题,这一历史贡献是不可磨灭的。不能因为存在问题,就否定制度本身。

比如说现在有人骗低保,也有人骗医保,但我们不能因为有人骗低保、医保,就把低保、医保制度抹杀了。应该惩罚这些骗保的人,在制度上进一步合理化,让骗保无法进行下去。现在很多媒体在报道,有些人是开着宝马住经适房,这种现象的确存在,但究竟有多少开宝马的人住经适房,却没有任何调查。当前的经济适用房的制度是好的,只是在执行制度的过程中出现了问题,我们应该不断完善制度,而不是放弃制度本身。

如果去完善这个制度,把不合理现象尽可能减少,能做到吗?

窦含章: 可以尽可能减少,杜绝是不太可能的。我们现在所关注的重点,应该是不断地去完善制度,特别是经济适用房。什么样的人能够申请经济适用房,这个标准需要修改。最重要的一点是要对骗购者加大惩罚力度。另一个社会和舆论经常回避的问题,就是公务员怎么办？军队、公检法的人员怎么办？如果按照他们现在的工资收入，肯定也买不起北京、上海、广州的商品房。他们怎么办？实际在制度设计上还存在一定问题，如果没有经济适用房，公务员想解决住房问题，有一定的难度。

王福重： 如果大部分老百姓都在蜗居、蚁居、柜居着，而公务员自己则是先天下之乐而乐，这本身就跟公务员的宗旨相违背。大多数人都在蜗居的时候，公务员最应该蜗居了，因为他没有脸去住经济适用房。可现实正相反，很多机关、单位为公务员买低价的商品房，包括经适房，这是一种严重的不公平现象。

窦含章： 很多网友也批评公务员购买大量经适房，但我们不能有道德洁癖。要求公务员先天下之忧而忧，后天下之乐而乐，这本身没有错。但让公务员一家三口蜗居起来，这种理想化的道德设计能不能实现？如果这样的条件，他们能不能全心全意地为公众服务？

总的来说，一方面制度要进一步完善，另一方面解决问题的根本办法就是多盖房。中国社会现阶段要想完全杜绝腐败，完全杜绝说谎的情况，的确很困难，还有很长的路要走。现在大家之所以去争抢，是因为资源有限，经适房盖得太少，所以有些人才会想尽一切办法，削尖脑袋去骗购经适房。如果盖得多了，资源多了，相对不紧缺了，骗购现象自然就越来越少。

王福重： 现在社会上的确有很多缺乏信誉的现象。社会缺乏信誉的一个重要原因是什么？是政府在很多事情上的诚信不够。经适房再多，可能大部分还是落到公务员手里，或者跟公务员有直接密切关系的人手里。如果制度设计本身有问题，不能靠修补解决，必须进行变革。就像计划经济，听起来很美妙，而且在"一五"期间，在计划经济体制下，也取得了很大进步。但这个制度存在根本性的缺陷，随着时间的推移缺陷会逐渐暴露，最后市场经济取而代之。也就是说制度的好坏，不是仅有好的设想和目的就可以了。有一句话耐人寻味，"常常使人间变成地狱的东西，恰恰就是人们试图变成天堂的依凭"。经适房制度的设计要先考虑到交易缺点有多大，毕竟政府不是万能的，它甄别信息是需要成本的。对于经济适用房的调配，相关信息政府有时确实真假难辨，而在信誉普遍缺失的情况下，这一缺点更容易被利用。何况执行政策者、制定政策者本身就有利益诉求，这就使局面变得更加复杂。

窦含章： 最近几年对经适房批评的舆论越来越多，回顾这几年的历程，对经适房的批评越多，房价涨得越厉害。我查看了一下相关的数据，在1998～2005年，经适房处在一个建设高潮，七八年的时间盖了大量的经适房，解决了广大中低收入者住房问题。在此期间，房价有波动，但总体上还是比较平稳的。从2005年以后，对经适房的批评开始越来越多，而地方政府确实也收手了，盖的经适房越来越少，但从2005年到现在，恰恰是中国房价疯涨的5年。道理很简单，地方政府盖经适房的动力越来越弱。为什么？因为盖经适房不挣钱。我个人认为，在过去的5年，对经适房的批评，实际上是一种利益驱动性的批评。一方面地方政府希望靠少盖经适房，把更多的土地用于建造商品房，靠土地财政赚更多的钱。另一方面开发商也视经适房为眼中钉，因为经适房是微利的。我们不说这中间过程有多少腐败，或者审核不严格，或者变型走样，归根结底它是实实在在在给市场提供了一批低价的住房，这批低价的住房把整个市场的房价重心向下拉了。如果经适房越来越少，大部分的地投给商品房，那么房价会越来越高。相反，经适房盖得越多，低价的房屋提供多了，整个市场的房价就会向下走。而过去几年，地方政府在盖经适房方面，积极性非常低，必须由国务院下达文件、任务，给地方政府规定每年要完成多少硬性指标，可实际上地方政府还是很难做到。

经济学上有这样一个道理,在自由市场下,任何价格管制,实际上都是不奏效的。比如每年春运期间火车票难买,政府虽然规定火车票不能涨价,但也催生了黄牛党,黄牛党其实跟经适房腐败现象是类似的。

窦含章: 价格管制有时候也是有效的,包括在特殊时期的价格管制,实际上对市场形成了一定的指导作用。火车票就是一个例证,而且火车票的价格管制也是有效的,我们必须承认。火车票不能完全靠市场来主导它的价格。如果火车票按照市场来决定价格,每年春节,大部分农民工就不用回家了,因为他们很可能买不起火车票。这时候就需要政府来管制价格,这非常有必要。我国的现实情况是资源少、人口多,在很多时候,都是僧多粥少的局面。如果不进行价格管制,大多数人就享受不了政府或者社会提供的服务,只有少部分人享受这些资源和服务,这是完全不符合国情的。

王福重: 火车票定价和政府价格管制是两回事,这是两个不同的概念,不在讨论的范畴内。我们要注意一点,经济适用房的价格是水涨船高的,北京经济适用房的价格开始是2000多元每平方米,回龙观的价格开始是2000元每平方米,现在到了七八千元每平方米,实际上是赚钱的。商品房价格高,跟经济适用房盖得少,没有必然关系。商品房价格为什么高,主要是两个原因:第一是中国改革三十年来,有一批人先富裕起来了,且不说这部分人的钱是怎么来的,反正他们的富裕程度令人瞠目,像美国最豪华的购物场所,几乎全是中国人。富人到处疯狂购物,奢侈品在世界其他国家市场萎缩,但奢侈品市场在中国还在扩张。有钱人最怕财产缩水,所以他们就去投资。而中国的投资渠道并不多,比如说投资实体经济,金融危机让大家发现实业投资难度大,利润薄。另一个就是股市。股市有风险,入市需谨慎,拿钱投资股市也得小心。除此之外,投资渠道就剩两条：一是制造一些短期的热点，比如炒蒜、绿豆之类；二是房地产。虽然曾经有海南房产泡沫破裂，但总的来讲，买房的人没有吃亏。以北京为例，可分为两类人，一类是2009年之前买了房子的，一类就是没有买房的，可以说这两类人之间的差距，是很难再缩减了。

富人们钱太多了，需要投资资产吸收流动性，而房子是一个主要的吸金机，这是房价高的原因之一。再就是地方财政。这两个因素造成房价高，跟经济适用房的多少，不是一回事。为应对高房价，政府应该加快建廉租房，廉租房没有产权，利益空间小，腐败的情况就会少。政府建廉租房，不但要照顾有户口的人，那些没户口的人，刚刚到这个城市来的年轻人，都是城市的新鲜血液，他们也给这个城市纳税。政府为什么不能为城市的所有人服务呢？而且只有廉租房，才能解决这些人的问题。

一些批评经适房的人，提出只建廉租房就够了。廉租房能不能解决所有的问题？政府有没有能力建这么多的廉租房？

王福重： 经济适用房制度的主要问题是信息不对称。比如在一个县城，信息不对称的状况就弱得多，因为人们互相是熟识的，他欺骗的代价太大。所以在小地方，比如县城，我觉得经济适用房制度还是可以保留的。但像北京、上海这样的大城市，是一个匿名社会，大家互相都不认识，欺骗人的机会成本是很低的，所以在这种地方，经济适用房应该废止。现在建经济适用房，政府的投入很大，这些投入完全可以建廉租房。这是个公共选择的过程，不是说拍脑袋定的，也不是哪个人说了算，应交由公共选择，我们的代表大会制度、公共预算制度、公共财政制度，就是来做这个事情的。

中国的房价问题给整个社会，尤其是中间层带来的困扰，不仅是经济上的问题，而且是一个文化心理问题，必须学会自我调适。面对这个群体，有没有别的办法，或者其他任何救济的途径，因为他们肯定不属于政府廉租房的群体。

窦含章：市场不能解决一切问题。中间阶层，就是所谓的夹心层，它不是少数，实际上是很大的一个群体，甚至可以说是社会最主流的一个阶层。对这部分人置之不理，要么把他们推向廉租房，要么推向商品房市场，这并不公平。这部分人规规矩矩地纳税，因为工薪阶层逃不了税，他们每天忠实地纳税，最后想有一套属于自己的房子的时候，政府说你们这部分我不管，我只管最穷的。这是不公平的，经适房本身不同于实物分配。

政府对人民是负责任的，这种责任是不分穷富的。不论穷人富人，或者夹心阶层，政府都要负责。所以说现在提出建立多层次的住房保障体系，这种构想本身是很好的，甚至说是一种很理想的设计。廉租房保障最穷的人，经适房、限价房保障夹心阶层，商品房留给富有人群。在过去的十几年，除了有一些腐败现象、骗购现象以外，保障房制度总体上还是作出了很大的贡献，这毕竟是一个良好的设计初衷。

1998年最早提出房改的时候，是以经济适用房为主的住房保障体系。原来的设计初衷，经济适用房应该是解决大多数人住房问题的一种形式。那么这些年执行的情况怎么样？

王福重：过去所提出的口号，叫"以经济适用房为主，解决住房问题"，但此一时彼一时，当时那样提，可能有一定的道理。现在的发展表明，当初的提法有一些问题，事物是变化的，错了就改。

改革开放已经三十多年了,现在跟1979年的局势不同,当时摸着石头过河,河对岸是清楚的,只要摸石头就可以了。但现在的公共决策,往往就难在这儿,因为左也不是,右也不是,往往存在大量的争论。所以政府决策,现在确实也是步履维艰,需要精细地左右平衡。

中国的人口结构和财富占有结构决定了,除非一种解决方案能够涵盖绝大部分人群,否则任何住房解决方案都不可能从根本上解决国人的住房问题。一旦民众不为住房问题忧虑,一旦被高房价吞噬的那部分购买力释放出来,不仅民众的住房问题迎刃而解,困扰中国经济发展的内需不振难题也会一举攻破,于国于民都是非常有益的。

冯　科　房地产金融中心主任
张春蔚　英国《金融时报》中文网资深评论员
曹建海　中国社会科学院工业经济研究所研究员

中国百姓何时安居乐业

经过一轮又一轮的调控，房产投资已经不再是"买到就等于赚到"那么简单了。无论是自住，还是投资，都需要把握好买点。而决定房产买点的关键因素则是由房价、收入和房贷利率构成的刚性需求购房能力。

在中国，普通老百姓的投资渠道并不多，主要就是股市和楼市。从过去十年的情况看，买股票的人多数被套牢，或者承受割肉之痛；而买房产者，全都成了赢家。靠投资房产成为百万富翁的不计其数，成为千万富翁的也为数不少，一些人甚至成了坐拥亿万身价的富豪。我们能不能因此得出结论，未来投资房产仍能获得高额的回报呢？

自2010年8月以来，北京、广州等地的房展均冷清收场，买房人普遍观望，房价太高是主要原因。央行问卷调查结果显示，超过七成的居民认为当前房价水平过高，难以接受。按照以往的经验，似乎什么时候买房都是对的，这样的经验未来还能用吗？什么时候是消费者出手买房的好时机？未来房价是涨还是跌？

冯科：我觉得现在整个房价的趋势，还不是非常明朗。大家都期盼调控的效果出来，能够把房价降下来，但现实中，房价还是比较坚挺。根据目前的情况来判断房价，未来是涨是跌还很难说。希望它有百分之二三十的下跌幅度，或者跌到2009年年初的水平，可能性不是很大。

上海一位专家总结出近期楼市的十六个字,叫"小幅回调,高位横盘,夯实底部,再上台阶"。这一观点有无道理?

冯科: 2010年是开发商比较轻松的一年,压力不大,资金各方面都比较好,能够坚持更长的时间,坚持到一定时间以后,开发商也开始观望,也不会增加住宅的投资量,下一步我们最担心的是一种报复性反弹。如果相持到一定阶段,市场还是没有新的供应量上来,需求仍然那么大,如果GDP出现问题,或者是GDP的增长速度下来,那么这个时候就有可能出现报复性反弹。

张春蔚: 我个人觉得,现在可以去看房,但并不是一个买房的好时机。如果你要买房,就必须先去看房,先要选好房,不能空等着房价下跌。对买房人而言,所有的房价都是空的,只有要买的那套房价是真实的。如果三个月以后,比现在的价格低,那就赚了;如果比现在的价格高,那就亏了。购房者必须要知道,真实的房价在哪里,想买的那套房的价格区间在哪里,然后去落实是涨还是跌。如果是刚性需求,现在开始看房,三个月之后甭管涨跌赶紧拿下。

曹建海: 我认为中国的房价可能有两种轨迹:一种轨迹是房价缓慢回落,第二年可能加速回落,也许在低点上有消费者接盘,这个时候可能形成平稳回落,也可能加速回落引起很坏的后果,比如说金融危机。还一种轨迹是不回落,一直在高位横盘,甚至是高位缓慢向上抬升,这种情况其实会越来越靠近崩溃点,结果可能一两年的时间内房价就急速、大幅回落,就像迪拜一样。因为中国经济各方面的矛盾都可能引发社会和经济问题,一旦事件发生,可能泡沫就坚持不住了,引发崩盘。现在看来房价就是高位横盘,略有回调。

在未来一两年，会不会还有新一轮房价的暴涨呢？

曹建海：作为消费者来讲，没有人买房子就为住一两年，也许房子刚刚住进去，就赶上崩盘了，消费者仍然保留这套住房，没有太大损失。现在没有真正的投资，只有投机者。对于投机者来讲，也许打个短差，打个短平快，会有机会赚到钱，但这是对幸运的投机者来讲。如果是接盘的投机者，就没有这么幸运了。一崩盘可能一瞬间房价就出现了大的回落，像迪拜，一天就跌回70%，这就是一种崩盘。目前楼市高位横盘，若继续攀升，确实离崩盘越来越近了。因为中国经济社会有各种矛盾累积，一个事件发生就可能引发重大的经济社会问题。

其实泡沫早就存在，只不过尚在积累过程当中。也许现在经济是依靠泡沫支撑的，泡沫越来越大，如果泡沫一破，可能就跌得粉身碎骨，所以现在扼制泡沫继续增大是时候了。

冯科：我觉得现在看何时买房还是太早，因为要判断市场的价格趋势还很困难。经济学者也只能够用模型，近似地去模拟现实，而且不可能完全真实，因为影响现实的变量很多，有政府、有市场其他参与者，他们的行为很难估量。如果假定政府的政策维持不变，假定开发商也是一个中性的策略在推进建设，那么我认为至少要从调控开始，看10~15个月再行动，目前还不是非常明朗。对于房价，我们都是站在消费者的角度希望它下降；经济学者也希望它下降，因为中国的经济趋向泡沫化，希望房价下降；但是开发商不希望；有房的人也不希望房价下降。

现在买不买房，并不单纯取决于当前的房价，还要看国家的总体宏观环境。在政府这么密集的调控政策下，房价会产生什么变动？政治因素对房价会有什么样的影响？

曹建海： 政府的调控看起来决心很大，但实际效果并不太好。开发商还是自由定价，自主地涨价，很多投机者又开始入市了。在宽松货币政策下，想降低房价，就要紧缩房地产贷款，现在看起来，并不现实。只要房价反弹，楼市回暖，就说明调控并未见效。如果没有新的措施，恐怕房价就会起来。

政府会出什么政策，是继续按兵不动，坐视房价慢慢涨起来，或者高位不动，还是会把原来高抬腿、轻落步的政策，比如说将房产税扔到市场？

曹建海： 就房产税来说，各地准备得还不够，只能针对极少数城市。加息实际上会殃及大量的国有企业，对地方政府基础设施项目造成影响，这些项目已经绑架了现在的货币政策。目前看来，在一些隐性收入巨大无比的环境下，光靠房地产贷款紧缩，在宽松货币政策下调控房价，基本上是无效的。

张春蔚： 我觉得现阶段房地产商跟消费者还是在博弈，而政府对房地产商的调控手段已经用得很多了，现在首付都很高，不像以前有零首付。现阶段而言，如何调整高房价，如何消化泡沫，在挤泡沫的过程中，买卖双方都在博弈。万科2010年8月份的销售额达到了119亿元，这在6年以前，如果房地产商年销售过百亿就敲锣打鼓庆祝了，万科一个月的销售过百亿，说明房地产商是强者恒强，不断地在集中。万科的当月销售要完成开盘的60%，这是具有市场标本意义的，这个时候必须迅速放量，迅速完成资金的回笼。但对于消费者而言，量上的回暖，并不代表价格上的真正变化，所以人人都在试探，尤其对于刚性需求者而言。

我觉得真正的房地产市场的回暖是120平方米以上的大户型的销量上升。如果看60平方米、70平方米这样的小户型，对于很多人而言，举全家之力还能付得起首付。但120平方米的房子，对购房者可能是第二套房或第三套房了，是不是能够完成40%和50%的首付？这个时候才能辨别市场是投机的、投资的，还是自住的。

曹建海：消费者举全部身家财产来买房，禁不起回落，但只要他不是真正的自住，其实就是在投机。在市场经济中，每个消费者几乎都或多或少在扮演投机者的角色。我想没有一个消费者是独立一种身份的，他可能既是消费者又是投资者，比如有一个小房子，或者以前分的或怎么样来的。大家都在观望，都想从这里得到一些收益。

张春蔚：所有人都不希望自己成为击鼓传花的最后一棒，而这个时候政府的所有调控政策，不断地在告诉消费者，首付在提高，贷款成本在上升，所有的市场调控都不断地提醒消费者，房价有可能会跌。消费者也在防范：我是不是击鼓传花的最后一棒？经济学家是最理性的，他们都想使自己生活得更经济。但老百姓生活无法经济，有居住需要，要么去租房，要么去买房。比如，我是一个购房者，有家有小，必须要换大房子。这时候我怎么办？第一，我要看地段，看这个地段的房价。可供开发的大片土地越来越少，这时候我就只能看某个楼盘，看它是不是上市公司，上市公司我就会等一下，如果是非上市公司，就去找关系打折。真正刚性需求者不会管它降价不降价，因为就这么一点点稀缺的，像李嘉诚说的，地段，地段，还是地段，没办法，没有别的可选项。

一般老百姓希望房价降得越低越好，但政府调控房地产并不是要置之死地，而是为了挤去泡沫。虽然房价高低是由市场决定，但房子毕竟不是一般意义上的商品，关系到百姓安居乐业。目前各地政府加快建设廉租房、经济适用房、限价房，努力解决夹心层的住房问题。随着城市化进程加快、人口的增长，中国房价是否仍将维持长期上涨？怎样解决普通百姓的住房问题？

冯科：地方政府的利益在那里，嘴上说愿意提供保障房，但其实并不心甘情愿。另外，经济适用房存在打左灯向右转的情况，举着经济适用房的牌子，最后这些房源都流向非经济困难者手上，甚至是一些公务员手上。很多保障房被打左灯向右转扭曲消化掉了，并没有送到最需要的人的手上。所以照此情况，能完成30%就不错了。但是谁去追究它，谁来打这个板子，究竟该打在谁的身上，好像并没有问责机制。虽然号称今年要建3000万套，或者是500万套保障房，但是完不成呢，板子谁都打不着。一问责就说没钱，要中央拨款，中央也没钱，找银行贷款，银行又收紧，最后就没建成，总能找出很多理由。

张春蔚：如果我是购房者，我更愿意买开发商的房。原因很简单，我可以跟开发商博弈，可以不交物业费，可以逼着他把所承诺的条件兑现之后再交物业费，我可以针对开发商直接进入市场的规则来讨论很多东西。开发商修的房子，虽然房价不断上涨，但配套越来越好。第三期开盘的房子房价是上涨了，但它的配套设施比一期要好很多，所以说在这个时候更要看性价比。

我在北京租过9次房，搬过10次家，我到第十次才住进了自己的房子。为什么这么多人一开始要买房呢？为什么要把所有的人都推到商品房的市场上去呢？为什么有的经济适用房没有分出去，被其他人撬门自住，而我们不可能把它租给市场呢？为什么政府不可以收租金呢？还有空置率的问题。中国的房地产很多房子是清水房，清水房怎么租出去？如果要把空置率减低，如果都是简装修的，谁愿意让一套房空置而不租出去呢？

换句话说，现在的政策体系要变，不如干脆把经济适用房变成公租房。我觉得要么就是纯粹的商品房，交给市场来解决，要么就索性实行公租房。

曹建海：经济适用房5年之后，包括两限房，5年之后它都可以市场化，补交一部分土地出让金，按照增值比例交给政府，这相对于房屋的升值，相对于政策性住房和市场商品房的差价，可以说是微乎其微的。现在拿到一套房子，5年之后按照市价卖，能赚到很多钱。所以，这个套利机制决定了经济适用房建得再多，5年之后它还是要转化成为投机筹码。就好像现在的商品房一样，建得再多，也不够投机者的投机筹码。

中国这个模式是独一无二的，关键是政府在里面也扮演了开发商的角色，政府本身就是低价拿地高价卖出，并且进行土地的囤积，财政要从这里赚一笔钱，这是根本的原因。

既然现在不是购房的最佳时期，下一个买点可能会出现在什么时候呢？在构成刚性需求购房能力的三个因素中，收入的增长是比较确定的。政府多次提出要增加居民收入在GDP中的占比，在GDP增幅超过8%的情况下，人均可支配收入的增幅很可能超过8%，像上海这样的城市，超过11%也有可能。利率的上涨也是比较确定的，受CPI不断走高的影响，加息将不可避免。如果房价保持不变，到2011年年底，上海的刚性需求购房能力仍然会偏低，新的购房时点依然需要等待。

当然，如果出现房价下跌的情况，购房的时机会更早出现。从目前的情况看，开发商手中仍握有相当大数量的现金，大面积降价销售的情况暂时不会出现。但由于开发商的资金链已经比一年前紧了不少，一旦未来半年销售不畅，房价有可能出现比较明显的下跌。当然，我们也不要指望出现太大的降幅，30%、50%的降幅是根本不可能的。在利率不出现大的上涨，开发商降价20%，将让刚性需求购房能力回升到一定的量，新的购房买点又将出现。根据开发商的资金情况推算,出现上述情况的时间很可能在2011年下半年到2012年上半年。购房者应密切关注收入、房价和利率的变动情况,及时捕捉购房的最佳时机。

刘 桓　中央财经大学税务学院副院长
朱 青　中国人民大学财政金融学院教授
曹建海　中国社会科学院工业经济研究所研究员
王志安　中央电视台评论员

高房价真的到了穷途末路

2003年以来，中国房价持续上涨。同时，物业税也逐渐进入公众视野，被作为控制房价的"储备手段"置于各种讨论之中，却一直在各大城市"空转"。全国各地试点已7年，物业税依然不见推出。物业税为什么一直难产？谁在支持或反对物业税？物业税到底能给老百姓带来什么好处？有学者认为，物业税是解决当下中国高房价的一味良药。果真如此吗？

刘桓：2003年提出物业税的时候，其实和房价无关。2003~2004年，北京房价才五六千元每平方米，一般小县城的房价也就每平方米八九百到一千元钱，当时推出物业税的初衷是要改善地方政府的财源，让地方政府不要过度依靠土地收入。但初衷归初衷，试点归试点，由于长期没有实施，在房价高起来后，大家对它又有了另外一个希望，就是想用它打压高房价。

物业税的推出，一方面可能改善地方政府的财源，另一方面也可能对房价产生影响。如果物业税出台，房地产的走势会发生一定的变化。所以我认为，打压房价的说法不一定很准确，但是它会对房价、对买房人的心态产生影响，这是确定无疑的。

朱青：十六届三中全会通过的《关于完善社会主义市场经济若干问题的决定》当中提出要研究开征物业税。对于普通百姓来说，那时提出的物业税和目前要征的房产税至少有两大区别。第一种情况，物业税要征收到老百姓自住的商品房，自己买了以后自己住，这种商品房也可能要征收，在一定条件下也要交物业税或者交房产税。还有一种情况，房产税按照房产原值，或者按照租金的一定比例征收。

现在买的商品房还没有征收物业税，但都要交物业费，住不住都要交，也不比物业税低。如果要征物业税，比如1%，或者是0.8%，一个家庭一年交一两万元左右，一套一百五六十平方米的房子，一年的物业费、取暖费也得两万元钱。各个小区都收物业费，有的还收得很高，一平方米四五元的也有。物业税开征以后会不会打压房价呢？或许有人认为，要交物业税就不买房了，因为物业税承受不起。

其实，房价的高低，最终还是取决于房子的供求关系。不管是买方还是卖方，如果住房需求量不断增加，供应量不足，房价肯定要上涨。在这种情况下征物业税，物业税会转嫁，拥有房产的人会把买房以后，三年、五年、八年、十年所交的物业税，加到卖房的价格中去，由购房者负担。当然，如果大家都不买房，房子的供应量太大，房子的需求量没有，房价就会下跌。如果征的物业税再加到房价上，房子肯定更卖不出去。所以税收能否转嫁，关键看商品的供应关系，它的需求弹性，取决于这些因素。

有人可能想买房养老，可是他突然发现，每年还要交一笔物业税，靠房养老的需求自然就会下降，房产作为投资品的价值会降低。难道这不是调整供需关系的一个阶段性的步骤吗？

朱青：其中关键一点是人们的预期，人们的预期房价要不断地涨，而且房价涨的幅度要比国家物业税要高。在这种情况下，即使要负担物业税，哪怕去借钱，或者是在其他地方省点，来交物业税,他也会去投资房产。为什么呢?因为预期房价要涨,这就跟美国爆发次贷危机的情况一模一样。次贷危机之所以爆发,就是因为美国有几百万穷人,本来就没想买房,但房价在不断上涨,而且现在利率这么低,即使贷款买了房支付利息,最后把房卖了,卖房的差价远远高于支付的利息。

同样的道理,如果我们预期中国的房价,至少大城市的房价要不断上涨,即使征了物业税,有可能当期税收负担要重一些,但预期房价要涨,投资者很有可能还要买。如果征了物业税以后,它至少代表政府的信号,要抑制房地产价格增长过快的趋势,它反映了政府抑制的愿望。所以,老百姓就要观望了。无论是对房地产征物业税,还是对股票市场征收交易印花税,它都能起一个短期的作用。

一位有房人曾算过这么一笔账,物业税再贵能征多少?你征3%,我每一套房子的租金,大概也能回收3%。只要租金能把物业费、暖气费和物业税覆盖掉,我怕什么?并没有增加持有成本,只不过少赚了一点而已。这种分析有无道理呢?

刘桓: 这里涉及一个问题,叫做租售比。一般租售比,像发达国家是按月租金来看,应该是1∶150~200。中国目前大的城市像北京,达到1∶500~600,个别地方达到1∶800,这种情况将其作为投资很不合适。我相信没有任何人是去依靠租金回收成本的。买股票也一样,买股票炒的是什么?是炒作预期,是价差,炒的绝不是股息。股息其实很低,十股一元五角钱,这股票30元钱一股,十股300元钱,你给我一元五角钱,不成比例。但是我希望这只股票从30元涨到60元,我赚这30元钱的差价。所以,靠租金回收成本是一种自我安慰。

朱青：很多中国人买房是传代，当然还有自住。除了自住以外，还有投资的、投机的，像这种需求再加上城市化，是一个大趋势。美国、英国的农村人口占总人口的比重2%，我国目前农村人口人数还在60%。所以在未来50年或100年之间，中国有大量的农村人口，或者小城镇的人口要拥向大城市，这是一个大的趋势。如果城市，特别是中心地带的土地供应量跟不上去，房地产的供求严重失衡，就会有一种房价上涨的内在冲动。不通过严厉的行政手段，房价是打压不下去的。

现在物业税可能不是治病根的一味药，但对楼市来说，是一剂退烧药，对于买不起房的人是一剂止痛药，它暂时把病情缓解，然后等待未来其他的处理手段。就像有些富翁，知道自己得了绝症后把自己冷冻起来，等待治疗的技术出现，然后再解冻、治疗。有的人提出异议，征收物业税真能抑制房价吗？现在房价高涨是供求关系不平衡，征收物业税不能让房价降太多，但以后的房屋使用费用肯定会增加，最明显的，租房费用可能会翻番。换句话说，房价不看好物业税。

从税制结构完善来看，物业税的出台仍然是大势所趋。中国目前财产税占的比重比较低，流转税、增值税、消费税占的比重比较大。最初讨论物业税的时候，房产税并不是为了抑制房价，而是出于完善中国税制。

那么，推出物业税能不能够扼制房价？

朱青：短期内一定会有效的。因为它改变了人们的一种预期，干扰了人们的心理，就是房价要不断上涨，最起码表明了政府的姿态。但从长期来看，如果房地产需大于供，即使征了物业税也不会扭转房地产的供求关系，不会抑制房价的上涨。因此我的观点是短期有效，长期不太可能。供求关系决定了房价，物业税对改变供求关系没有很大作用。

刘桓：我认为还是能够起到一定的抑制作用，所谓抑制不是房价的绝对下跌，而是投机性买房的退出。我的看法是短期有效，长期会改变人们的预期，因此即使房价涨高，虚高部分不一定会拿掉。如果有物业税，也许就不会涨得那么邪乎。

为控制房价，2011年1月26日，国务院发布《国务院办公厅关于进一步做好房地产市场调控工作有关问题的通知》，被称为房产限购"国八条"。"国八条"要求，各地要在2月中旬之前，出台住房限购的实施细则。"国八条"规定各直辖市、计划单列市、省会城市和房价过高、上涨过快的城市必须出台限购细则。按照要求，截至2月22日，已有北京、上海等13个城市出台了"限购令"细则。在本轮限购令中，各地主要对限购人群、购房套数作出规定，其中户籍成为已公布"限购令"城市的重要调控手段。

这次全国大范围的严格限购，能否扼制快速上涨的房价，会不会再次陷入越调越高的怪圈？各大城市的限购令，是弊大于利呢，还是利大于弊？

曹建海：应该是利大于弊，毕竟是一个控制高房价的可能有效的手段。因为限购就是限制高房价，限制住房投资的比重过大。中国房市现在是买涨杀跌的市场，在需求方面，基于保值增值的需求可能占据了主流。如果简单地说住房消费，租房也是可以的。但大家都觉得租房吃亏，因为租房使人们丧失了一个未来获取价值增值的手段，所以大家都想买房，就陷入了买涨杀跌，以投机主导的套利市场。从这个意义上讲，限购在一定程度上避免了我国对改善型住房的冲击，另一方面也确实防止了个人通过贷款或融资，买多套住房的投机行为。

我有一个观点，这个政策必须执行得力，只有执行得力，限购才会有明显的效果。

王志安： 十几年前朱镕基总理在任期间，有价格闯关一说，当时有很多人反对。比如说粮食市场，管制了几十年，如果放开之后怎么得了啊，可能很多人会吃不饱饭。但事实上所有放开价格管制的这些行业，到今天差不多都解决了短缺问题。而我国现在仍然保留着价格管制的行业，基本上都短缺。比如说铁路，每年到春运的时候车票短缺，因为它还是执行价格管制行业。这告诉我们一个非常简单的道理，在市场经济发展的过程中，价格管制必然跟短缺联系在一起，只有放开价格，刺激供给，才能最终解决经济短缺问题。所以我个人认为，改革已经走过了三十多年的历程，我们应该明白，只有市场才能解决这些问题，其中包括房地产市场。越是充分的市场化，这个行业的问题就越少。如果某一个行业或者产业，它的市场化程度越低，问题也越多。

政府调控楼市的决心非常大，持续时间也非常长，但到目前为止，我们看到的效果还不明显。其实从2004年，这一脚刹车一直点刹到现在，当新一轮政策出台后，房价就一定会降下去吗？

曹建海： 从宏观背景看，房价上涨是通货膨胀因素，是宽松货币政策因素，那么现在看来，货币政策正在收紧，因为通胀的形势非常严峻，这是政策出台的一个方面。另一方面，房产税的推广，在上海、重庆之后，很多城市在最近5年之内会开始推广，对房价未来的预期，有一个看跌的因素。现在既有信贷政策、税收政策，又有限购政策，还有公共租赁房、保障房政策，这些政策累积下来，都对房价的未来预期和对房屋的投机形成抑制，这些政策只要严格执行，力度是大于2007年的房地产调控的，2007年的调控使房价在2008年实现了拐点。如果这次大力度的政策能够坚决执行，我相信它一定能够出现拐点。当然，政府执行的决心到底怎么样，还有待观察，如果真正能够像2007年那样有决心执行，房价肯定会出现松动。

王志安：我没有那么乐观。我们首先要分析一下房价为什么会上涨，尤其是北京、上海、广州、深圳这些大城市。这些城市都是中国最发达的城市，也是创造财富最密集的城市，从某种角度来讲，房价实际上是一个城市创造财富的函数，城市创造财富的能力越强，房价越高。其实房价是由竞买者竞价形成的，城市本身价值变高了，凡是在城市里生活的人，拥有不动产的价值反映出的也是这个城市的价值。大背景还包括货币现象，我国这几年增发货币、超发货币的情况，通胀的压力和预期，导致了生活必需品的价格都在上涨。从去年到今年，农产品的价格平均上涨了差不多60%，在普遍的生活消费品的价格都上涨的情况下，房子能不涨吗？

由于城市化的浪潮，越来越多的人愿意到北京、上海打工、就业，实现自己的梦想，这就形成一个聚集效应。聚集效应会使得这些地方的房价变得昂贵，这是市场本身的供求导致的。北京、上海这些城市，本身土地价格较高，且能够提供市场建房的土地也是有限的。如果大的趋势不改变，通过限购，只不过把用价格购买的方式，改成了排队。

如果你在北京生活又没有北京户口，你要排5年的队才能买；北京市的人只能买两套，不能买第三套。这样的措施实际上只不过把人们对房子本身的竞价变成了竞队，它并没有改变人们对于房子的需求。所以说如果这个大背景不改变，长期来看，房地产的价格很难下降，短期或许有可能。

这次"国八条"，尤其是限购令出台，社会舆论反响强烈，跟以前的政策不大一样。以前政策出台往往是一片叫好，因为似乎能够看到房价要跌了。可是这次因为涉及户籍的问题，几乎都有对外地人的某种歧视性条款，所以很多人开始反对这样的政策。下一步应该怎样调控楼市，怎么样完善这一轮调控措施？

王志安：我个人认为调控要尊重市场，不是说楼市不能调整，不能调控，但是要遵循市场化的方式进行调控。比如提高首付比例，尤其是二套房、三套房的首付比例，甚至二套房、三套房可以完全不给贷款。因为要改善需求，那就需要更高的资金门槛。在全国范围内无论存量房还是增量房，征收税率较低的房产税。这些都是遵循市场化的方式，但限价限购的方式实际上效果是最差的。

曹建海：我觉得"国八条"中讲的信贷政策、税收政策，信贷政策已经有所收缩，税收政策还有待建设，像房产税。还有一个很重要的就是资本利得税，如果是用来投资的，那么收益的绝大部分应当纳税。韩国也曾经实施过这种方式，虽然短期内效果并不明显，但最近韩国的房价已经明显回落，虽然很多中产阶级可能变为负资产，但泡沫如果不抑制，到一定时间必然会出现危险。像韩国，当时大家也都认为房价永远不可能跌回来的。所以我觉得，中央对地方政府的问责应该更严厉，"国八条"发布后很多城市在二月中旬都没有提供实施细则，中央政府应该对地方的阳奉阴违实施最严厉的问责制。

房地产的问题在很大程度上是社会资金过于充裕所造成的，实施住房限购能够堵住热钱流入房地产市场，但无法根治社会资金过多这个病根。如果房地产的游资大量流入到其他市场，其他市场的价格也会马上暴涨。换句话说，如果流动性富余和住房短缺的状况不改变，结果只是让热钱在通胀压力下四处游荡，按下葫芦浮起瓢,并非治本之策。

合理引导这些资金进入实体经济才是关键。在当前经济大调整的背景下,制造业利润微薄,对资金缺乏吸引力,因而需要进行相关制度改革,在公共事业、教育、交通等领域打破垄断,积极拓宽民营经济投资渠道,使得过剩的民间资金从各类市场的投机"致富",转向真正的投资"致富"。

政策的制定,措施的出台,初衷本来是良好的。问题是在执行过程中却没有达到预期目的。虽然不能说政府的政策完全没有产生效果,但我们有理由说,政府的政策没有达到民众乐见的良好效果。民众不是看政府出台了多少政策,采取了什么措施,而是需要他们能够接受的结果。民众更期待房地产政策给他们带来真正的实惠。房价上涨或下降并不重要,或者说,房价上涨未必就不对,房价下降就应该欢呼。一句话,民众能够承受,能够买得起房的房价才是合适的。

中国人民银行决定从2011年1月18日起，上调存款类金融机构人民币存款准备金率0.5个百分点。此次上调之后，大中型金融机构存款准备金率达到19%的历史新高。按上次上调后，金融机构信贷资金3700多亿元。通胀以及突然袭出来的"大考虑"已经成为中国人心头最大的担忧。

第三章
钱包保卫战

通胀来了,准备好了吗
中国富豪的慈善
减税正当时

韩秀云 清华大学经济管理学院教授
曹建海 中国社会科学院工业经济研究所研究员

通胀来了，准备好了吗

中国人民银行从2011年5月18日起，上调存款类金融机构人民币存款准备金率0.5个百分点。此次上调之后，大中型金融机构存款准备金率达21%的高位。中小金融机构存款准备金率为17.50%。据估算，此次上调后，可一次性冻结银行资金3700多亿元。通胀这只突然跳出来的"大老虎"，已经成为国人心头最大的担忧。通胀，专家怎么看，通胀很可怕吗？

韩秀云： 通胀必然要来，我一直有这个观点。这次通胀不仅是中国性的通胀，还是世界性的通胀。从美国的次贷危机到金融海啸爆发，美国救市的方式，欧洲救市的方式，都是印钞来救。印钞以后，买石油、买天然气、买铁矿的时候，都在涨价，所以我们的通胀是输入性的通胀。如果一国经济长时期高速增长，就有一个内需性通胀和输入性通胀。现在，通胀确实已经来了。同样是100元钱，今年却买不到去年那么多东西了，货币贬值了。

政府为了救市，比如美国可能为了救华尔街，我们可能为了国民经济"保八"，最后让老百姓买单。因为通常情况下，拿100元钱做单位的，都是普通老百姓。面对通胀，难道只能由老百姓买单？

韩秀云： 以欧债危机为例，欧债为何有危机了？因为当年救市的时候，钞票已经多印了，要拿钱出来，但钱从哪里来？这一点必须解决。所以美国是这样，欧盟国家是这样，我们今天面临的这种局面，不是中国自己能决定的，有国外因素也有国内因素。

通胀应该说是由全民共同买单。印钞权在政府手里，在美国政府手里，它可以向全世界印钞增发，你有什么办法？有的国家政府一旦困住了，没有办法解决，一定采取这种方式。俄罗斯曾经发生过，全世界有很多这样的案例。所以应该说通胀一旦发生，买单的一定是全国人民。

温家宝总理曾把3%作为一个警戒点提出来，这么大规模的调控，包括对楼市各种各样的调控，包括宏观经济政策，这种通胀的趋势，是不是很可怕？还是像有的经济学家讲的，是一个相对温和的、大家可以接受的通胀？

曹建海：我觉得，其实从2009年起就存在通胀，只不过统计出来的数据是负的。通胀本身是货币现象，只要这个钱买不到去年同样的东西了，就是通胀了。所以通胀要看货币投放速度，同时，跟经济增长速度相关，扣除这个经济增长的部分，实际上就是通胀的部分。

我们看到的统计数字是在温和上涨，但真正大涨的部分也许我们看不到，所以大家都在抱怨，国家统计局没有把涨的部分全考虑进去。以2010年蔬菜价格为例，绿豆、大蒜等产品价格暴涨，此后玉米的价格上涨带动了整个农产品价格的上涨。2011年上半年，猪肉价格一路飙升，到6月份，猪肉价格同比大涨57%，成为CPI破6的最主要推动力。

统计局很多数字一出来民间就质疑，因为大家最关心的是老百姓的钱袋子会不会受影响。即使统计局说了没有多大变化，但跟老百姓的日常生活相关，比如说食品，如果涨得非常厉害，老百姓现实生活受影响是很大的。我们抛开数字不管，就说老百姓的钱袋子，是不是将面临一次洗劫？

韩秀云：我的观点和曹老师有一点区别。曹老师的观点认为通胀汹涌而来，我认为是温和通胀。因为温总理已经强调要控制在3%，目前情况下，经济有的地方在热，可是有没有冷的呢？有没有过剩产能呢？或者是有没有投资往后缩的呢？所有这些都有可能，一方面在向上，还有一方面在向后。统计局公布的是全国的平均数据，我们可以质疑它，但我仍认为通胀是温和的。

如果通胀是温和的，像食品、菜价疯涨该如何解释呢？是不是真如有些专家所言，是因天气、自然灾害等导致的一些偶发性的因素，而不是一个宏观性的因素。

韩秀云：我认为是这样的，比如2010年大蒜价格涨了17倍，就是因为有人在炒作，种蒜的人没赚钱，买蒜的人没赚钱，中间的巨大差价被炒作的人赚走了。炒作资金可以从股市、楼市中流出来，可以从别的地方流出来，进入相关炒作领域。

曹建海：投机者的兴风作浪，核心还是资金无所事事，如果资金可以投到实体经济当中，把企业搞起来，并进一步做大，我想这个收益是什么都比不了的。问题是现在没有这样的实体经济可做，所以资金就拿来炒作，这是投机的一个基本条件。通胀要由全国人民买单，但至少政府是受益的，借款人是受益的，而存款人是要付出代价的。

通胀本质上是一种社会财富转移，一些企业在通胀当中受益了，比如说炒房、炒地，一些房地产公司，实际上是从那些没有房子、没有土地的老百姓当中，通过财富转移的方式，获取了利益。

北京的一位出租车司机曾讲过一种观点，他说国家为什么要打压房价？其实不要打压房价，让房价高高的，反正房价降了我们也买不起，干脆让房价高涨，然后把大量富人的资金冻结在那里，不挺好吗？这帮人的钱就不会冲出来跟我们抢什么菜啊、肉啊。通货膨胀是因为钱多了，钱多了主要有两条出路，一是冲到一般商品市场，造成通胀。一是冲向资产市场，把资产价格，比如房价抬高。现在国家一打压房价，反而流动性冲到商品市场上，抢我们老百姓的饭吃。这位出租车司机的观点有没有道理呢？

韩秀云： 这个观点有一定的道理。对于富人来讲，他的收入当中，只有一小点，20%、10%，甚至1%拿去买吃的，钱再多但胃是有限的，他也是一日三餐，也不会全去买吃的，只不过消费档次高一些，普通百姓买一元一斤的米，富人可能会买十元一斤的。房价和这个中间有联系，但并不是一个挂钩的联系。

曹建海： 关键还是看钱会不会流过来，现在房价已经很高了，想把钱冻结在高房价里，办法是禁止交易，或者是增加交易的摩擦系数，房屋的买卖至少要剥掉一层皮，这样钱就有可能冻结在里面。但现在房地产的税负太少了。热钱它是投机性的，一看这个地方长势不足了，就可能会流到其他地方，这是一个重要原因。

出租车司机想得很好，富人的钱都在高价房里面，然后百姓享受低物价。实际上如果钱都在房地产上，房地产业可以赚钱，其他任何产业都不可以，几乎做不下去。这样就会出现所有其他产业都进入房地产，很多民企会放弃主题产业，去炒房炒地。房价上涨，地价上涨，房屋买卖是炒地皮，大家都在炒地皮，GDP统计倒是上来了，但实际上财富一点都没有创造出来，而且财富变得非常可怕，整个社会都不创造财富了。

对于通胀，老百姓最深的感受就是恐惧，对于自己潜在受损失的恐惧。或许有的人手里有一部分闲钱，他也许在想：在这个关口上，我还能不能买房？

韩秀云： 我觉得首先应该看房地产的宏观大势，在中央出台了"国八条"以后，买房的和卖房的都在博弈，地方政府跟中央政府在博弈。开发商可能在想，我可以坚持一段时间，因为房地产有利润，我扛一段，如果通胀了，与其把房子卖出去，不如把房子放在手里，把它压住，只要有资金扛着，我就过得去。房地产开发商也在揣摩政府的心理状态。如果有的房产商扛不住了，急于要套现，就有可能把房子降一点卖。打算买的人可能想，既然你要降了我就再等一等。我建议买房的人，如果是出于自住需求，在房价向下的时候可以买；如果属于投资，建议还是先观望一下为好。

国家目前的二套房政策，已经给楼市上了一道紧箍，现在资金上再加上一道紧箍，房产税也开始了试点。房产税一旦实施，包括股市的反应，开发商的反应，足以刺破当前的泡沫。现在买房就不可能像原来一样，买了就升，睡着觉就可以转移来财富。因为如果稍不留意，你可能把自己的财富转移到别人手上了。

曹建海： 现在一手房房价没有明显的下降，但二手房还是有明显的下降，毕竟很多投机者手里囤积了大量的住房。这个量比一手房的量要大得多。现在全国的城市，至少有180亿平方米的住房，开发商每年开发的房子，才7亿平方米。所以说，180个亿，拿出10%来交易,就有18亿平方米。可以说二手房是整个房地产的主体,这个房地产市场不像开发商那样能够结成一个联盟。开发商的状态就是资金过于充裕,赚得太多,所以不缺钱。目前对开发商,还有很多的优惠政策,它还能挺一挺,但以后未必挺得住,肯定会降价的。

韩秀云: 我的观点是短线看跌,中长线看涨,这是未来的发展趋势。短线的情况下是一年,中长线是一年以后,或者五年,这是不一样的。短线的振荡并不意味着中长线一直振荡,短线跌并不意味着一直跌。

我对各国的房价作过一个研究,就世界排前十名的国家,最低的都比我们的房价高,都到每平方米6万元以上,北京的房价是每平方米3万元。如果从未来发展角度来看,未来回头望,就像我们今天回头望1996年的时候,房价每平方米3000元时,觉得贵,如今还会觉得贵吗?所以长远来看,从13亿人口的发展中国家,向中等收入国家迈进的过程中,农村人想进县城,县城人想进省城,省城人想进京城,这是一个趋势,但城市土地资源是有限的。房地产价格应该由供求来决定,这是经济学基本的常识。如果供给有限,而需求是一个很大的量,当然房价会上涨。现在是政府控制着短线,短线可以控制,但是长期未必。市场解决效率,我一直认为在商品房问题上,政府应交由市场来解决,然后政府解决怎么让穷人也能住上房,这是公平问题。

假设一个投资者这样想,我不想去追所谓的短期低点,既然未来长期看好,比如说北京房价有可能达到6万元每平方米,现在不就3万元每平方米吗,我先吃一口,哪怕掉到2.5万元每平方米,没关系。这是不是一种侥幸的投机心理呢?对于投资者,如果带着这样的心态,可不可以买房呢?

韩秀云：当然会有人有这种心理，楼市才表现出有人止步不前，有人仍往前冲，这就是宏观。北京的楼市可能还有一个短期振荡，如果买了你会吃个小亏。比如你现在住了一套房，根据目前的房市行情，你觉得未来不看好，在这个价位，三年以后你还能买到这套房吗？假设这套房今天200万元抛出去了，如果未来看跌，就是100万元了，这个时间段抛了就对了。可是如果在未来需要的情况下，200万元还能买回来吗？肯定不能。所以说一定要看短线、中线和长线，再作决定。

很多在北京、广州等地买房的人，可能是把父母甚至几代人积累的所有财富，全部投了进去。普通百姓，如果手中只有十几万或几十万元钱，买房子根本不够。对于他们来说，该怎么办？

曹建海：目前中国的投资市场无非就这几个，除了楼市，就是黄金、股票、艺术品。

房屋、股票和黄金这三个是完全不同的投资课题。买房按理说可以出租，用于做生产资料，用来创造财富。反过来靠囤积制造泡沫，就是所谓的幸福的房奴。日本1985~1990年，也有很多幸福的房奴。那时候买了房之后，天天睡觉都在发财，但是1991年泡沫破裂，这些房奴到现在还在还款，房子已经被拿走了还在还款，这就是日本购买力不振的主要原因。所以说幸福的房奴要看几十年，不要光看最近涨的这几年，要看老百姓能不能承受得了。

黄金实际上就是对纸币的不信任，很多国家房价都涨了很多倍，这说明纸币一直在超量发行，通胀一直在发生，只不过程度不同而已。这个时候，黄金绝对是保值增值的。黄金从上世纪80年代到现在，翻了几十倍，同时货币投放也增加了几十倍。所以说黄金能保值增值，如果不信任纸币，完全可以购买黄金。

股票实际上意味着你买了这个企业的成长性，如果一个企业是扎扎实实做事业的，它市场需求非常大，是个名牌，你买它的股票，就会跟着这个企业不断地成长。反过来，现在好多上市公司，自己无所事事，没有主业可做，去炒地皮，这样的公司是没有任何前途的。所以说，买股票要慎重挑选，要看有无成长性，主业做得好的企业股票完全值得买，比持有黄金强。

假如有人手中有50万元资金，进股市还是进黄金市场好呢？

韩秀云：我建议他进股市，在低价位上，选择一只好的股票，一只牛股买进，放着它。

我建议他或者再在低点位时买进一套房子。现在想投资黄金要注意了，黄金现在涨了，但黄金是不是一直无限向上，还是它有可能到了顶了，也可能下跌？我们需要慎重关注的，就是它何时下跌。当美国经济谷底反弹的时候，那就是黄金要下跌的时候。如果要做黄金，应该要注意规避风险。黄金只是各种货币的一个避风港，它就像海上航行的一条大船，遇到风浪特别大的时候，那个锚一定要下。黄金就是一个安全锚，没有太多的使用价值，它更多的是保值，是个避风港。当美国经济起来，世界经济都复苏过来，我们应该注意，千万别把自己套在高点上。

如果做股票，我们老百姓也需具备一点投资的知识与技能。有的人一万元钱买十只股票，这是错误的，要少选，一定在股市中做投资，别做投机。所以我们选一只好股票，长线拿着它。然后市盈率在十五六倍的情况下，大家都看空，都认为不好的时候，恰恰是好时机来了。所以巴菲特这样说："在别人恐惧的时候我疯狂，在别人疯狂的时候我恐惧。"很多人往往是在别人贪婪时更贪婪，在别人恐惧时更恐惧。

曹建海： 美金和黄金是不能平起平坐的。某种程度上，美金在贬值，美金属于伪金，一个真金一个伪金，不可以平起平坐。现在投资黄金仍然是较为理性的，虽然它已经涨了很多倍。但我不建议全部资金用来买黄金，我建议把资金分割成三个部分，一般收入水平不高的人，可以买一部分黄金，一部分挑选一只具有成长性的股票，余下的部分我建议大家可以多准备一些基本的消费品，可能会省好多钱。这也是一种理财。

通胀面前，讨论中国当下老百姓理财，肯定存在很多争议。但我们毕竟面对的是未来；面对的是预期。作为普通百姓个人，我们应该根据自己的实际情况以及兴趣爱好选择适当的理财方式。这样我们手中的钱才不会变少，才能保值甚至增值。

聚焦中国
FOCUS ON CHINA

石述思 工人日报社要闻部主任，资深媒体人
杨　杜 中国人民大学商学院教授
王志安 中央电视台评论员
杨　团 中国社会科学院社会政策研究所研究员

中国富豪的慈善

2010年胡润百富榜发布，宗庆后荣登中国亿万富翁排行榜榜首。宗庆后家族（包括宗庆后及其太太施幼珍和女儿宗馥莉）的娃哈哈集团平均三天赚钱一个亿。46岁的李锂及其家族以财富400亿元排名第二。53岁的张茵及其家族以财富380亿元排名第三。

该排行榜的进榜门槛为身家10亿元人民币，共有1363人进榜，高于2009年的1000人。宗庆后约120亿美元的身价意味着，他在福布斯全球富豪榜上能够跻身于前50名的行列。一个司空见惯的产品，没有垄断利润也没有炫目的高科技，为什么能够成就一个首富？

石述思：宗庆后拿下首富我有一喜一忧，喜的是实业救国是实体经济，不是房地产；忧在哪儿呢？传统行业劳动密集型，缺少足够的科技含量，应该来说他是守土有责的英雄，不是开疆拓土的代表。还有一点，宗庆后的企业是家族式的，而中国企业要获得长足的进步，一定得嫁接现代公司的治理结构。

杨杜：排在百富榜里的房地产商人比较多，虽然人数比较多，但总的来讲排序不如宗庆后。大家觉得这很了不得，但仔细想一想，房地产业还是有很多的富翁，只是这次排在前面的，惹人眼球的是我们不大关注的一个行业。应该说中国经济逐渐走向一个多样化的时代，其他不起眼的行业，不靠垄断能够致富，这是不是给了人们更多的创富希望和期待呢？大家可能会有一种干什么都能够成

首富的感觉。

在中国，无论任何乡村，只要有一爿小店，都有"娃哈哈"。13亿人口，如果真正能做到一种产品能够进入千家万户，每一个山村都能普及，诞生一个国内首富，甚至世界首富，也许都不是什么很奇怪的事。

2010年胡润百富榜，房地产行业依旧居各行业上榜人数之首，达到20.1%，但平均财富同2009年相比下降了3.7%。

娱乐业作为新兴行业，是所有行业中最年轻的，平均年龄43岁。IT行业复苏趋势明显，李彦宏再度成为最有钱的IT人，第二位是马化腾。医药行业是增长最快速的行业，零售行业的财富增长也非常迅速，创下历史最高。

全世界最富有的女性前三名都是中国人，分别是53岁的玖龙纸业董事长张茵、46岁的龙湖地产董事长吴亚军、69岁的香港富华国际集团董事长陈丽华。而在全球20位拥有10亿美元的白手起家的女富豪中，有11位来自中国。

从事什么样的行业最有可能成为富豪？中国最需要什么样的富豪？

杨杜：经济学说得很清楚，资本是财富之父，土地是财富之母，劳动只能做红娘。中国在目前情况下，土地是资源当中最重要的，也是最稀缺的。假如你现在是一个准备踏入社会的年轻人，我建议你们有点钱先买点房子之类的，或者去房地产这个资源行业，尤其是土地资源行业，这肯定是我们应该去关注的一个点。当然，如果从事高新科技行业，脑子很灵光，搞一些网络技术，也不是不可以。

石述思：但如果靠这两种模式支撑中国未来的经济发展和财富

增长,那简直就是全民族的灾难。我希望未来出现这三个富豪:第一个是柳传志。尽管联想目前从创意、工业设计到科研技术还不如苹果,但已向高新技术发出了挑战。第二个富人是马云。马云没在榜上出现是个意外,但在电子商务领域,阿里巴巴是具有全球影响力的一个帝国。只是马云所占的股份有限,但这样的公司是值得期待的。第三个是袁隆平。通过他老人家辛辛苦苦的努力,解决了全球4亿~5亿人的粮食问题,他的身价是多少?按照目前隆平高科股价,他绝对是亿万富豪。我们现在对很多富豪充满争议,但是对袁隆平,网友是这么评价的:老爷子买私人飞机我们都没意见。这句话应该引起我们反思,不仅要有钱,是不是应该构建一点财富之上的文化,财富之上的信仰?年年发榜,年年漏网,年年质疑,在一个简单的算术游戏里游走了很多年。

杨杜: 有财富有钱放得低点,把那些切实为别人创造了更多社会价值的人,放得更高一些,我觉得这是非常正常的。这些人推动了社会的发展,提高了人民的生活水平,调节和改善了人民的生存方式。这种人应该有钱,即使没钱,我们也特别尊敬他。

与发达国家相对稳定的财富榜不同,中国富豪座次更迭频繁。2009年首富王传福跌出了前十,曾经三度荣登首富的黄光裕跌至21位,且在监狱服刑。一些曾经上了百富榜的富翁已被查处,有人戏称胡润百富榜是"杀猪榜"。据统计,登上榜单而发生变故的富豪共50人,其中获刑的富豪有18人,正在接受调查的富豪有10人,下落不明的富豪有7人,已经过世的富豪有6人。中国的富豪为什么如此巨变?中国首善陈光标语出惊人:"上了富豪榜的,还不是中国真正的大富豪。那些'隐形富豪'的钱足够再建一座新的现代化北京城。"中国有多少隐形富豪没有露面?他们刻意低调的背后有着怎样复杂的原因?

石述思： 说白了，以胡润的能力不可能看到整个豹子。中国经济三十多年高速发展，农工商并举，致富渠道有很多，且不乏存在体制性的先天缺陷，俗称原罪；再加上贫富分化，富豪们躲都躲不及，哪还敢出来显摆？可能还有一个问题，就是统计系统比较落后，想统计富豪的数量挺难，官方都办不了，胡润怎么能统计全呢？他能管中窥豹就已经不容易了。

杨杜： 大家排排看明年谁第一、谁第二，你方唱罢我登台，总是跌宕起伏，这反而有意思。税务部门也好、统计部门也好，很难科学地把每个人统计进来。

石述思： 对这些富人，我倒真想说，只要他纳税守法经营，扩大就业就已经是英雄了。随着富豪榜不断推出，我们也应当反思自己的心态，干吗非得看着别人钱多了就义愤填膺，总认为这都是说不清道不明的财富。实际上不仅仅是劳动致富，还要有知识、技术、资本致富，而且我觉得也要有运气。

百富榜发布到今天，我们发现一些现象，就是中国这一代富豪，他们的人生实在是太动荡了，比一般人的人生动荡得多，一会儿坐牢，一会儿破产，这种例子很多。这到底是一种什么现象呢？

杨杜： 改革开放三十多年来，中国人就像是在爬山，山坡特别陡，很多人奋力往前，因为山上有好的风景，能收获很多期望。但毕竟坡陡，很多人爬着爬着可能就出了问题掉下来了。财富榜也是这种感觉，人们在奋力去追求财富、创造财富，同时在占有财富的过程当中，路是非常不平坦的，所以有些人一不小心就掉下去了。

石述思： 不能把体制性的不公带来的所有罪过让企业家个人去承担，这是这个时代的悲剧，是很多人都应该反思的问题。但是我也想提醒这些富豪三件事：第一，世界银行宣布中国的基尼系数

0.47，已经超过了0.40这道警戒线，美国是0.39，这说明中国社会的贫富差距已经突破了合理的限度；第二，中国富豪的数量增长速度全球第一，同时中国穷人增长的数量也在全球位列前茅；第三，中国将成为奢侈品消费第一大国。但很多富二代不争气，如果不提高素质，就会穷得只剩下钱了，不仅在中国被人议论谩骂，跑到世界其他国家也受人鄙视。

其实百富榜上富人的钱和老百姓的钱并不是一个概念。我们每个月的工资都可以用于消费。可是他们的钱并不是那么回事儿，他们有工厂，要再投资，他们今天可能光鲜富有，明天就有可能会破产，所以对他们的命运，我们要说一声祝福，希望他们走好。

2010年，比尔·盖茨和沃伦·巴菲特在北京设宴，邀请中国50位富豪参加。原来宁愿花巨资远赴美国与巴菲特共餐的中国富豪们，面对这次的免费晚宴，却并不都是欣然接受，不少人对是否赴宴持犹豫态度，更有少部分人直接拒绝。盖茨和巴菲特到底看中了中国富豪什么？

杨团：这两位富豪可能是认为中国最具影响力，而中国的富豪现在也最多，那么他们推动全球慈善想从中国入手，是可以理解的。

王志安：我和杨老师的观点差不多。一方面是中国富起来了，另一方面可能他们也认为中国的慈善在过去，做得离公众的期望值之间有一定距离，而这未见得是中国的富豪们缺少慈善意识，而是中间某一个环节出了问题，他们或许可以解决这个问题，他们或许是认为自己带着一把钥匙来的。

杨团：我并不认为他们带来了钥匙，也不认为有什么新方式。我认为最大的问题是比尔·盖茨、沃伦·巴菲特解决不了的问题，就是现行的慈善体制。

在云南旱灾的时候,我到前方报道,当时曾观察过当地政府组织的各种各样的行政性捐款,也就每个单位,每个人捐50元、100元、200元,按照一定的行政级别捐款,政府收走之后,按照用途,分给了水利局或民政局。实际上从某种角度来讲,捐款变成了政府税收的一部分。所谓慈善,它一定是跟政府的税收资金严格分开的,否则政府直接征税就可以了。

王志安: 很重要的问题就是慈善到底是什么性质?很多领导把慈善当成是政府可以统筹安排的一块公共财产。但实际上慈善首先是私人财产,不是公共资产,不能够纳入财政的盘子里进行分配。

比尔·盖茨和沃伦·巴菲特在福布斯全球财富榜排名第一位和第二位,但他们在功成名就后逐渐将精力转向慈善事业,不仅捐赠了几乎全部身价,同时两人共同发起号召,希望美国403位亿万富翁将一半财产捐出。他们还与其中最富有的70多位进行交谈,并在两个月内成功说服40位富豪。据估计,富豪们所承诺的捐赠额超过1250亿美元。现在他们开始将目光转向亚洲,向中国和印度富豪发出慈善邀约。

比尔·盖茨、沃伦·巴菲特海外攻关的亚洲第一个目标定在中国,人们猜测与近年来中国富豪人数增长迅猛有关。根据《2010胡润财富报告》,中国亿万富豪已达5.5万人,相比去年增长7.8%,人数仅次于美国。然而对于中国富豪是否热心公益事业,各界却有不同看法。什么原因阻碍了中国富豪献身慈善?

王志安: 目前的财富配套制度还不完善,慈善服务的整体能力也有待提高。因为慈善还是中国文化,甚至中国制度创新的很好方向,所以慈善应该是文化的一部分,是每个中国人心灵深处存在的东西。现在需要的只是制度引导，并促进其实现，把慈善的意识、慈善的价值变成慈善的行为、慈善的习惯和慈善的服务。要实现这个目标，最重要的一点，是要把慈善组织当成市场当中的一分子，而不是由政府主导，我们目前的慈善组织和慈善事业基本上更接近计划经济的体制。

杨团：比尔·盖茨、沃伦·巴菲特的动员，最重要的就是他们奉行的市场化慈善理念。意思是，要用市场化的手段和方式，推动慈善事业的成长，让它也做得非常有效率，能够有新的创造、新的价值，能够成倍地增长、开花结果。他们的这种理念，对企业家是有诱惑力的。如果把这一理念引入慈善，那么有可能给汶川捐赠1000亿元，会产生2000亿元，甚至3000亿元的效应。以前只是经济领域里有市场理念，但现在在社会领域，而且是社会公众全体都参与的慈善公益的领域，也要有市场的理念。

虽然有部分富豪担心"劝捐"，拒绝参加晚宴。中国首善陈光标则高调宣布："在我离开这个世界的时候，将不是捐出一半财富，而是'裸捐'——向慈善机构捐出自己的全部财产。这也是我给你们两位先生中国之行的见面礼。"按照陈光标的身价测算，这笔捐赠将高达50亿元，如此之巨的慈善捐款引发了媒体和社会热议。

王志安：巴菲特和盖茨搞慈善，都是在个人事业鼎盛时期把自己的财富作了安排，而不是等死后。巴菲特制订了一个时间表，多长时间向盖茨基金会注入多少钱。如果陈光标是特别纯粹的慈善家，他也应该先把他的财富作一个明确的安排，这可能更好。

杨团：我觉得，捐多少都不是主要的，重要的是有这份心。要把所有的财富捐出去，还有一个问题，作为一个企业家，就算他过世了，企业还在运作，把企业全部变现去捐，很不现实，也不符合社会发展的趋势。慈善界现在存在的问题就是缺乏社会信任，而缺乏社会信任的关键是因为慈善事业不透明、不公开，要推动社会的慈善生态改革，要从透明、公开开始。

王志安：现在不仅仅是政府做得不够，一些民间组织做得也不够。现在NGO组织大概有3000家，但能够按照国际惯例，按季度公布财务报表的民间组织比例极低。

杨团：慈善是公开的市场，它不是一个私人市场。既然是公共的市场，当然要披露财务报表，现在连企业都知道要披露了，那么，慈善事业就更需要透明公开。

在中国的慈善公益事业上，我们往往羡慕美国的比尔·盖茨、沃伦·巴菲特等富豪们热心慈善事业和慷慨大方的举动，谴责中国富豪们在慈善事业上的吝啬和小气。而对我国的慈善公益事业的环境以及富豪们在慈善公益捐助上的种种顾虑和难言之隐的关注却显得不够。

中国改革开放三十多年，我们正处在一个财富积累的过程中，中国的企业家正在为创造更多的财富而努力，还来不及考虑将财富回馈社会。这是目前制约中国慈善事业发展的一个客观的、根本的因素。我们对"慈善"的鼓励、优惠及扶持不够，缺乏与慈善事业相匹配的制度、机制和法律保障。美国慈善事业发达的一个原因，在于它有一套完整的法律和鼓励机制，比如高达55%的遗产税，简便快捷的登记注册手续，对非营利性组织的税收减免，政府权力下放，慈善机构运作环境宽松，独立使用资金，等等。

富豪们不敢公开放胆捐助慈善公益事业的顾虑是什么呢？所谓枪打出头鸟，富豪们担心公开捐款之后带来的麻烦和后果：来自富豪阶层的冷嘲热讽；来自亲朋好友无穷无尽的乞求，稍有懈怠，就可能把人得罪完了；来自一些部门频频提出给予援助的要求，甚至来自税务等监督部门的不断"找茬儿"。可以说,长时期不得安宁。此外,害怕慈善公益捐款管理不善甚至被挪用、贪污是另一个原因。现实中这种事情屡有发生。目前,我国的慈善信任机制尚不健全,一些富豪和普通群众不是缺乏爱心而是缺乏信任,他们不相信一些慈善机构能够管理好自己的捐款。

我们希望政府能真正从政策层面为慈善公益事业的发展创造良好有序的环境,并引导富豪们把捐款更多地投向贫困地区、低收入阶层和地方教育等公益事业。

聚焦中国 FOCUS ON CHINA

王福重　中央财经大学政治与经济研究中心主任
叶　闪　时事评论员

减税正当时

美国前总统本·富兰克林早在1789年就说过："在这个世界上，有两件事躲不开：死亡和纳税。"

在中国，不夸张地说，一个人从睡梦中醒来后，就要准备开始缴税了——打开水龙头洗脸，水费里含有增值税；吃早点、出门坐公交车、打电话、逛超市等一系列活动，也都离不开税的影子。中国人的赋税已在全世界出了名，在美国财经杂志《福布斯》2009年推出的"全球税负指数排行榜"中，中国仅次于法国，位居全球第二。

但是，如果问"你每月缴纳多少税"，很多人会一头雾水。一项对近百名普通工薪阶层的调查结果显示，45%的受访者表示"不知道要缴什么税"，更有77%的受访者不知道自己每月缴了多少税。

显然，人们履行了纳税的义务，对于纳税种类与金额却几乎一无所知。而想知道"自己到底缴了什么税，缴了多少"、"有多少是明明白白缴的，有多少是不明不白缴的"、"调节个人所得税起征点能否减轻工薪阶层的负担"已成为人们最为疑惑也最为关心的几个大问题。

2011年3月2日，国务院常务会议讨论并原则通过了《中华人民共和国个人所得税法修正案（草案）》，草案指出，将提高工资薪金所得减除费用标准，调整工资薪金所得税率级次级距，将报人大批准。专家、百姓对此一致叫好，认为在物价不断攀升、居民收入差距较大的背景下，提高个税起征点会使整个中低收入的工薪阶层受益。2011年6月30日，个税起征点从原来的2000元提高到3500元。修改后的个税法将于2011年9月1日起施行。

王福重：很多打工者收入都过了2000元，如果继续以2000元作为标准，个人所得税的公平作用就没有了，它成了一个对于所有人普遍征收的赋税。个人所得税的收入虽然一年比一年多，但是它占总的财政收入的比重还是相当小的，它的主要作用是调节收入差距。现在收入差距非常大，如果还在征低收入者的税，那个税就是名不副实了，所以调整势在必行。

叶闪：所得税并不是所有收入总和的税，而是要刨去一部分生活费，所以这次调整个税是考虑到了目前可能的种种压力。

在调税之初，有很多专家学者也提出一些意见，比如按照家庭收税。假如一个家庭中丈夫的收入比较高，而妻子的收入比较低，均衡到一块可能税收就更合理一点。

王福重：美国就是合并纳税，即夫妻合并纳税。但在中国没有这种习惯，这虽然是一个方向，但确实也涉及统计的问题，就好比说两个人的关系会变动，暂时还实行不了。将来可能也要考虑到地区的差异，比如上海、北京等一线城市，个税起征和县或地级市应该是不一样的。目前我们采取的是把所有的收入都加在一起纳税，还不够合理。

真正要做到综合征收，实现起来目前会有什么困难？

王福重：综合征收实施起来非常难。因为现在没有实施收入申报制度，或者说制度还不完善，一个人在多个渠道有收入，如果他不申报很难——甄别，还有我国的现金交易特别多，甚至很多人出国都不习惯刷卡，还是习惯用现金交易。

比如说在美国，只有买枪、买毒品才用现金。我国是普遍的现金交易，现金交易不像刷卡、支票那样容易查到，没有记录，简直就是雁过不留痕了，所以这属于制度建设的问题。将来我们要从收入申报制度开始抓起。在美国是没有身份证的，只有社保账号，所有的钱都要打到这里。

叶闪：综合征收个税的问题总结起来是公平和效率的问题，要公平肯定要精确，精确则会带来很大的成本，但我们现在面临的主要问题，亟须解决的是如何保证民生。在目前物价有点波动的情况下，要顾及效率，采取一刀切的方法，是一个合适的权重的考量。

除了个人所得税，更多的税种对于中国人来说是陌生的，还会交什么税很少有人说得清。更多的税负支出是以收费的形式出现的，工商、环保、质检、公安、卫生、教育、交通等众多部门都有各自的行政性收费名目，异常复杂。

比如，王先生一家三口一个月买书花了200元，在外吃饭花了1000元，买化妆品花了500元。春节前新买了一辆合资的小轿车花了20万元，在家人朋友的帮助下买了一套房花了150万元。在这些花销中，王先生到底交了多少税？中国与国外发达国家的税有什么不同？比如王先生买的书有没有具体的税？

王福重：有，比如说，在美国的商场里买东西，包括买书，商品价签分别标明商品的价格，还有购买该商品要付的税。与我们不一样，我们的商品价签是一个总标价，税没有单独标明而是含在价格里。价格当中含的税，是商场要交的企业所得税，跟直接的价格没有关系。比如买了200元钱的书，税收大致有三四十元钱。

那吃饭也有税吗？

王福重： 到饭馆吃饭，饭菜也是货物，要交增值税。到商场买任何东西，都含有增值税。可化妆品跟吃饭不太一样，化妆品的税更多。商场消费的所有商品都要交17%的增值税，有11类商品包括烟酒、鞭炮、贵重首饰、珠宝玉石、化妆品、护肤护发品、汽油、柴油、摩托车、小汽车、汽车轮胎等，在征17%的增值税的同时还征一道消费税。化妆品的消费税相当高，烟酒的税就更高。比如三元钱一包的烟至少有两元七角钱是税，是烟的价格的90%，但没有标出来，烟酒征的消费税是最高的，这类商品先征增值税再征消费税。

那我们还是以王先生为例。吃饭、买书、化妆品毕竟是小额支出，但是他有两项大额支出，一是买了一辆合资小轿车花了20万元，另外买了一套房花了150万元。这两项怎么计税？

王福重： 小轿车首先是要交17%的增值税，还要缴纳购置税和消费税，所以买车花了20万元，这20万元里面大致有七八万元是税。房子的税就更多了，房子的60%~70%是税和各种费，包括营业税、契税、城市维护建设税、土地使用税、土地增值税，如果将来转让还要交得更多，大致有四五十项各种费用。我们经常指责开发商赚钱，其实开发商拿到的钱的比例是有限的，我们交给政府以及各个部门的税和费，费比税要多得多，占了房价的大头，大概加起来是100多万元。

叶闪： 王老师给我们算了一笔账，王先生一家花了170多万元买了化妆品、书、房子、车，基本上是一个正常的中产家庭的日常开支总和。但细算下来，其中的税费加在一起大概超过了100万元，也就是全部开支的60%～70%，甚至更高，是以税费的形式交走了。

在这种情况下，除了个税之外，是不是对其他的税种也有调整的必要？

叶闪： 人到这个世界上只有两件事情躲不过：一个是死亡，一个是被征税。因为生活在社会中，并享受公共服务，钱必须要有出处，税收是重要的来源。但税收如何汇总，有没有经过审计，是不是公开透明，用在什么地方，恐怕需要有回单，交了多少钱拿到回单之后才能说得明白。

国外有没有一些好的方法，是值得中国借鉴的？

王福重： 国家应该征多少税，或者说税收收入占GDP的比重有多大，这取决于税收的具体去处。比如说税收就是政府要提高国防、基础医疗、基本社会保障等等，需要花费多少，GDP现在是这么多，那大致确定一个平均税负，就是税收收入占GDP的比重。在中国只有预算内收入，通过人大批准的才叫财政收入，预算外的收入，还有其他各种正常的收入以及乱收费所得都没有算入财政收入。

经常听说中国的财政收入占GDP的比重并不高，因为没有按照正常的全口径统计，实际上现在的财政收入大致乘以3才是真正的财政收入。从这个意义上来讲，可是远远地超过了世界平均水平了。

叶闪： 但现在有一个非常好的迹象，从2010年"两会"开始，人大、政协就提出来对于地方政府各级部门的预算必须要通过某种形式的公开。当预算公开的时候，我们就能算算平均税负到底需要多少钱。

个税在我国发展很快，许多地方已经成为继营业税之后的第二大税种。有专家指出，我国个税对收入分配的调节作用基本为零，甚至起反向的作用，拉大了贫富差距。

2011年2月28日，媒体报道，国税总局将降低部分进口产品的关税，其中化妆品、奶粉等产品降税的可能性最大。中国商务部副部长姜增伟也对媒体称，化妆品的进口关税还有可能进一步下降。怎样加强高收入群体的监管征收力度，普通低收入者不再成为个税纳税主体，使得个税真正起到调节收入差距的目的？如何利用税收改善民生？

叶闪： 现在很多内地的游客或者是专门为了去买奶粉或日用品的人，到香港、澳门疯狂采购，结果造成了当地奶粉缺货，一方面当然是食品安全的问题，另一方面就是在内地买进口奶粉税要比当地高得多。去香港、澳门买奶粉的一个重要原因就是图便宜，这能够体现税跟生活品质可能是直接相关的。

王福重： 奶粉的事情有两个问题：一是食品安全方面的，甚至70%的父母不买内地产奶粉。还有一个为什么进口化妆品和奶粉贵，就是因为在进口环节多了一道增值税，国内再销售时又征了一道，也是17%，税负确实多起来了。

现在化妆品降不降低税负一般人并不关心，但奶粉这类涉及日常生活的商品我们必须得承认，内地产奶粉在有些方面暂时还真的不行，技术上没有保证。这时候关税还很高，离香港、澳门近的就跑去买了。

关税降一降还是值得肯定的，这也是民生的一部分，降低税收本身也能够改善民生。很多人可以忍受自己天天用"大宝"，但必须得让自己的孩子喝上好奶粉。

国外除了零售商品的小票上会明确列出商品价格、折扣率，包括个税的额度，另外还有退税的方式。

叶闪：美国的退税，你可以选择个人申报，也可以选择家庭联合申报。如果要追求精确的话，在统计上就面临一个很大问题。

技术层面的问题能解决吗？

王福重：技术问题可以解决。比如人口普查时就可以去做，这个事情并不复杂。在美国，购买新建住房是一种投资，在统计GDP的时候，买新房是算投资而不算消费，政府要鼓励投资。为什么？因为投资可以解决很多人就业，所以就给你退税。好比说在美国，这一年你应该交两万美元的个人所得税，但是你买了房子，按比例抵免部分税收，假设能减税一万美元，你只需交一万美元的个税就可以了。

前一段时间有一篇文章，特别提到了一个所谓"中产阶级"的保护问题。也就是说税收对于这种低收入家庭有一种保护，对于高收入家庭增加了税负。

那么中间这一大块比如买房、买车还有点贷款，有固定工作的这些人，他们对税收是不是最敏感的？

王福重：对。在整个的人群，比如说低收入群体和更高收入阶层，这两头的人中，低收入群体纳的税就不多，最高的纳税虽然多但对总体税负的贡献肯定没有中产阶层大。中产阶层可以说是支撑了大部分税收的群体。如果对他们的税负不适当，中产阶层的日子如果难过，就会减少整个中产阶层的数量。中产阶层可以说是社会稳定的力量，是社会最主要的支撑力量，是多数人奋斗的目标。如果这部分人的税收过重就会打击更多人的积极性。努力半天赚钱但都交了税了，还不如就做个穷人等着吃低保、老保。如此，容易养成整个社会的某种惰性。

中国的税收大部分是工薪阶层在纳税，这次提高了个税的起征点，对于工薪阶层来说是个好消息吗？

王福重：有一种说法，说中国人的纳税意识不强，在相当大的程度上，这是对中国老百姓的一种侮辱。有人说美国人纳税意识强，可你到美国去看，基本上排长队的情况很少，最长的队是在每年的四月份申报个人所得税、家庭收入的时候。为什么会排长队？因为在美国如果你申报不实就是偷税。

美国的税务机关就像FBI那样有权力，最后可能会让你倾家荡产。因为美国审查太严了，当然大部分人是遵守的，所以他纳税意识强。

有专家提出，我国目前的税收制度的确存在一些缺憾，缺少对高收入阶层的征税种类，如遗产税、奢侈品消费税等，致使他们所缴的税额并不能与其收入相匹配。但也有专家有不同看法。"我不赞成对合法取得的高收入和过高收入者征收特别税费，"财政部财政科学研究所副所长刘尚希称，"现在，社会上、网上有一种情绪，类似于传统的'劫富济贫'，这很不可取。容易打击高收入者的投资积极性,进而影响低收入者的就业机会,与市场经济的规律也不符,不是社会进步的表现。"

看来,税要缴得明白、缴得合理,既让国库丰足,又让百姓心安,绝不只是调整几个数字那么简单。

2010年5月16日晚，中央电视台《每周质量报告》栏目报道，四川大学华西药业股份有限公司生产的出厂价每瓶15.5元的芦笋片，在相继被医院以每瓶213元的天价卖给患者后，又有报道称，四川蜀中制药的"恩丹西酮"等药品也出现了药品暴利高的问题，其中利润高达2000%。有媒体曝光药品价格"药价虚高幕后黑手是医药代表：高药价进入药品百姓的药费中。"揭开药价虚高的幕后黑手，十里自大

107

第四章

我们幸福了吗

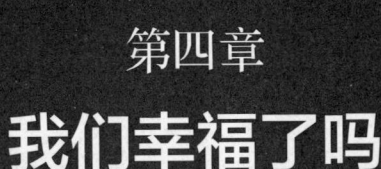

高价药谁制造
汽车围城，全国聚堵
我们还能吃什么
婚姻动荡谁之过

刘国恩　北京大学医药经济研究中心主任
顾　昕　北京大学政府管理学院教授

高价药谁制造

2010年5月16日晚，中央电视台"每周质量报告"报道，四川川大华西药业公司生产的出厂价每瓶15.5元的芦笋片，在湘雅二医院以每瓶213元的价格售卖给患者，利润高达1300%。芦笋片事件曝光11天后，又有报道称，陕西抗癌药"恩丹西酮"刷新了药品暴利新高，产品利润高达2000%。

有媒体称，高药价给患病百姓造成的伤害犹如土匪白天打劫，毫无商量的余地。可是，暴利药事件曝光后，湘雅二医院在媒体面前公开"叫屈"，认为其213元的销售价是在185元的供货价基础上顺加了15%的利润，符合国家规定。高价批发芦笋片的代理公司振湘医药公司则宣称，他们是湖南省第一家通过资质认证的药品招标代理机构，地位合法。

事件相关各方振振有词，把药品集中采购制度推到了风口浪尖。据调查，负责招标采购的振湘医药公司多名股东的名字，与曾在湖南省卫生厅有关机构任职的多名官员名字相同。"红顶商人"撮合药品采购、制造暴利药的报道，让社会各界将注意力聚焦到近年来的医药改革上来。

刘国恩：在我国，药品通过过去的政策，再加上以成本作为基础来定价的制度，出现高价药品的现象不足为奇。在过去三四年的医改讨论过程中，多次说到这个问题：第一，产品如果按照成本定价，很难确定真实的成本，很难知道成本的价格。第二，成本定价本身也不是促进创新的，比如有一些产品的价值很好，但是成本很低，是不是就要定很低的价位？这是不利于创新的。所以在这个基础上，各方主体都有动力把成本推到越高越好的状态。可以想象，药品这条产业链几乎所有的力量都在推高药价。

2011年3月28日，国家发改委下调了青霉素、罗红霉素等162个品种近1300个剂型的药品价格，平均降幅是调整前规定价格的21%，这是国家第27次下调药品价格，预计这次降价每年可减轻群众负担近100亿元。然而，近些年来，一部分药品降价后市场上就买不到了，人们称之为"降价死"。

为什么出现"降价死"现象？有关人士分析有三大因素：一是比较利益导致降价药退出市场。山东一家省级医院的一位医生说，现在市场上有大量的高价药，国家定价的药品只占一小部分，"大夫哪记得住那么多？谁'公关'的钱多就用谁的呗"。二是部分企业停止生产降价药。中国中药协会秘书长王桂华说，一旦某种药品不能够获得必要的利润，企业就会停止生产这种药品。三是药企放弃薄利多销，导致"降价死"。

顾昕： 大家都知道药有很多种，有的药叫OTC，即非处方用药，我们自己到药店就可以买到，不需要处方。还有一种叫处方药，处方药必须到医院去开，要有医生的处方才能到药店去买。第三种药叫临床用药，只在医院才能用。现在药价虚高的情形，最容易发生在临床用药上，只能在医院买，就产生了垄断。

谁都知道层层加价这个问题，但很多人有疑问，为什么公立医院的领导没有极大的动力来打压高价药？明明有一个30元钱的进货渠道，就在医院附近，他们为什么不采购？

问题的关键是，政府为公立医院制定的政策或者说制定的游戏规则，即卖药的时候，最多只能加15%，换句话说，医院只能赚15%。在这种情况下，所有医院院长或者医生，或者药剂科的人都希望进货的时候，最好进药价高一点的。这种药明明30元钱，有100元钱的，一定想办法进100元钱的。100元钱的药能赚15元，如果进30元，只赚4元5角，那就亏大了。假定政府规定，医院进货加价幅度不限但不能高过213元的天花板，院长一定会指示主管进货的人员或者药剂科主任，去进30元钱的药。然后加到70、80、100元，不管加到多少，反正医院能赚四五十元乃至更多。而患者本来要付213元，但现在有可能少付了113元或者更多。对医院来说，进价成本越来越低，收益空间越来越大；对老百姓来说，药价明显降了很多。

刘国恩： 从医院层面讲，有国家允许的15%的加成，但这个加成，是科室甚至全医院分，我们把它叫做公共产品。所以大家有动力把10元钱的药推高到100元钱。但我们还忘了另一大动力，就是销售人员把10元推到100元的这90元的差额，有相当大一部分要通过回扣的形式提供给相关人员。事实上，流通企业把10元涨到100元，流通企业并没有把90元钱全部吃掉。医院表面上拿走的是100元之上外加的15元，但流通企业的90元里面有相当大一部分，也许都流到了医院。这个问题实际上并不可能通过目前的药品政策的改变得到缓解。

问题究竟出在什么环节？就是中国的医务人员为什么有动力和压力去开大处方，开贵药方。这给销售人员施加了很大的压力，他们必须以很大的力度把药品的部分资金回到医务人员手里。

以药养医是我国公立医院的一大弊端，被称为"万恶之源"。我国公立医院的补偿结构主要由四部分组成：药品收入、检查收入、劳务收入和财政补助。目前，在各级医院的总收入中，财政补助只占10%左右,而药品和检查收入占了绝大部分。在这样的体制下,医院为了增加经济效益,就必须多开药、多检查。

目前,北京市医生的挂号费都是执行1999年制定的标准,分别是5元、7元、9元、14元。而在北京协和医院周围,一碗牛肉面16元,一次性证件快照20元。由于挂号费和手术费低廉,而且多年不调整,医生不能从劳动中获得有尊严的合法收入,这就使得部分医生铤而走险,收取药品回扣等不正当收入。

刘国恩： 医生的工资是按行政定的,工资非常死。医生作为一个社会群体,没有得到合理的补偿时,不太可能就生活在这个状态中,除非他离开这个行业。因此,他就必须寻找其他的途径来补偿损失。这就创造了医生强大的动力或者压力,来获得这种我们认为不太好的收入。

国内医院药品收入占医疗总开支的比例是45%~50%,这是全世界所有国家最高的。在美国,医生也可以去开大处方,但药品占总医疗开支才10%左右。这说明一个道理,不是中国几百万医生的道德集体缺失,只是被迫去开辟了另外一条补偿自己劳务的渠道,反映在药品上,也就是以药养医的问题。

我们通过什么办法解决这个问题？现在有两种思路,一种是给所有公立医院的医生加薪,把他作为一个机构人,一个事业单位的人定位,由政府来加薪。但这基本上是一个不可行的政令,必须考虑到公平原则,这一思路可以排除。还有一个办法,就是放开医生、解放医生,把他从目前的机构人变成一个自由的专业人,通过自己的劳动获得补偿。

财政不增加负担,又不引起其他人的矛盾,或许这条路可行。整个市场经济的链条,是一台运行非常精密的机器,政府非要强行改变一个环节,那么这个环节的改变,就会传导到后面一系列的环节。从一开始以药养医压低工资,最后就变成药价虚高。

顾昕: 药价虚高背后的根源很深。政府对医疗服务价格的压低管制,政府规定医院卖药赚的利润只能是15%,这反而把事情搞糟了。

刘国恩: 如何解决药价虚高问题,抛开体制性的改革不说,即使作为权宜之计,如果目前真要解决医院和医生把药品价格往上推的动力,把动力方向改变,让它往下走,其实也很简单。我们取消药品集中招标采购,取消加成。如果医院往下压价,压出来的全部由医院拿走,用于医院的发展、医生工资的补贴。这总比现在的状况要好得多吧。

国家的公共政策设计初衷是好的,也想把药品价格降下来,所以就有了现在的招标制度。招标制度从设计上考虑的是越招越便宜,但实际运行中为什么会越招越贵?

顾昕: 在正常的市场情况下,政府不着手抓这两件事情,尤其不管医院能赚多少钱,让医院自己去进货,自己想法加价,愿意加多少就加多少。但政府可以规定一个天花板,只要不捅破天花板就行。到那时,医院的药品采购越便宜越好,医院会自己组织招标采购,那种市场化的集中招标采购,就像现在很流行的团购。如果医院真的想买便宜的药,越便宜,赚得越多,收益越多。谁会愿意成心买贵的呢?

现在所谓的药品招标,是不是已成为几个固定的角色在演已经有着固定剧本的一出戏?

顾昕： 药品集中招标采购实际上只招标不采购，只做出一个目录来，上面是各种药品的招标价，数量最后由医院定，到底量是多少，别人不知道。但招标的过程，经常会发生这样的事情，即同一种药号不可能一家公司中标。因为只有一家公司中标，是有风险的，万一企业出现状况，医院的供应就会断了。一般会有两三家公司中标，中标药品一定有一个高中低价格，最后，哪种药上量，由医院决定。可能发生的情况，就是高价标上量了，中价标维持中价，低价标量上不去。价格低，还上不去量，企业不能薄利多销，只能停产了。

刘国恩： 招标主体也有问题。比如说厂商提供药品，通过流通商进入医院。如果把招标的主体换成是医保出钱的人，医院也有动力买便宜的，支付的钱少。可现在是买单方组织招标，使用产品的一方主要参与招标，利益链条是扭曲的。如果能调换一下主体位置，效果都可能比现在要好，当然这并不是最好的办法。

"药品集中招标采购制度"，这项旨在降低药价的举措，在现实中被人为扭曲了。早在2008年，四川省成都市政协李星炜委员就提交了关于《改革现行药品招标制度，防止垄断和腐败》的提案，在提案中，李星炜委员直陈现行药品招标制度的五大问题：一是强化了采购方（政府、医院）的利益，二是强化了采购方（政府、医院）的垄断地位，三是权力加剧了招标官员和专家们的腐败，四是采购方不能真正代表患者利益，五是药价高的根子不在生产商，而在于医疗垄断。中国工程院院士钟南山在2010年更是直言不讳"政府不要推卸责任"。问题早就被发现了，但"补丁"到现在也没有打上。

国家发改委采取措施降低虚高药价，可高昂的药价却在医改中越改越高。2010年6月12日，北京正式公布《北京市2010～2011年深化医药卫生体制改革实施方案》，推行按人头付费、按病种付费、总额预付等支付方式，以抑制药价不合理上涨。这些努力能否让药价回归治病本源？

刘国恩： 如果我们能够理顺医疗服务的整体价格机制，特别是把医生解放出来，让他的医疗服务能够得到合理、正常、有效的补偿，那么医生就减少了去开大处方的压力和动力。这非常重要，是动力源，这是其一。其二，医疗服务是一个整体，不是单项的服务。要对药品进行管理，对医疗过程进行管理，外行怎么能够对非常专业化的整个过程进行管理，怎么去界定某种疾病要用什么药，给多少钱？

如果能够改变整个医疗服务的补偿机制，比如医保可以按照疾病的种类来规定报销额度，比如阑尾炎通常是花2000元钱，医保从同一个等级上来安排，就给医院这么多钱，这样医院就有足够的动力把药品价格压下来。所以改变医疗服务的支付手段是根本性的。这是按照疾病支付，如果能再往前走一步，按照人头来支付，那么情况可能比按疾病支付更好，至少远比现在好得多。支付手段的改革，将是中国乃至世界走出医疗怪圈的一条最根本的道路，主要看我们有没有决心去做好它。

顾昕： 刘教授的建议，是用打包价的方式来购买医药服务。打包价就是把医院一年服务的所有病人，来一个总额预付，每年就这么多钱，全部用于给病人服务。医院每年也就收到这么多钱，要想提高收入就要降低成本，包括降低药品的进货成本，这样药价就降下来了。所谓的按人头付费，按病种付费，说白了都是打包价的技巧。根据什么来打包，实际上在世界各国都有一些实验，甚至各国的专家也都提出了很多更加先进精巧的办法，就是所谓的付费办法。付费办法在一些发达国家和一些具有权威医保的发展中国家，都在实验,效果良好,他们的药价和医疗服务价格并不高。

作为一个病人,我会有这样的担心,原来是医院拼命让我作各种各样的检查,买各种贵的药品。如果用了你这一招,医院会不会因此就糊弄我呢?

刘国恩: 医院已经没有动力和精力去糊弄你了。如果医保能够按照病种来支付,假如把它看成一个中间式的改革。那么医院是在疾病医治上去想办法,因为最好最有效也是最经济的一个办法,就是把疾病彻底治好,医保机构按照疾病支付给医院资金。这个时候医疗机构、病人、医保机构在某种程度上达成一个利益上的协调,而不是相冲突的。因为节约下来的资金,医院可以参与剩余价值的分配。

顾昕: 这种顾虑是有道理的。如果按照某种打包价的方式,医疗机构省钱,省得越多就赚得越多。那么来了病人,医院想办法推诿或是减少服务,最终使病人受损。实际上,医保机构全民参保,可以想办法让医疗机构进行竞争。比方可以事先选择某家医疗机构,什么类型的病,它是定点。定点医院可以更换,两三个月或者半年一年更换一次。如果医院总是推诿,那不但自己要更换,还可以告诉亲朋好友不要到那家医院,那里的服务不好,这就能促进竞争。在竞争环境下,医疗机构为了从医保机构获得买单,就会不断提升服务水平。所以,这两个体制必须配套进行。医保按照疾病或者按人头来支付,病人有选择权,有"踢票"的机会。这样双管齐下,就会比原来好得多。

刘国恩: 老百姓能够参与竞争机制,当然很重要。政府应该主导信息化的建设,只有当医疗信息化体系建立起来,才能够提供非常全面及时的医疗信息服务。借助这个医疗信息网络,政府向社会定期发布所在城市医院的医疗动态、满意度状况、治愈率与死亡率状况，让老百姓有一个选择的平台。只有当政府能够提供全面及时的医疗信息服务的时候，老百姓才能"踢票"。如果没有对称的信息，老百姓根据什么"踢票"？所以，政府扮演的角色非常重要，那就是要建立一个非常高效、全面的医疗信息化网络。

世界上医疗卫生事业搞得好的国家，各有各的可取之处，特别是它们对药价调控权的坚守，更是值得我们学习。美国的药品价格由制药企业与销售商、社会健康维护组织与医院、保险公司和联邦政府联合谈判定价，并受《药品竞争法案》和《处方药竞争法案》的约束；英国制定了对制药企业出厂限价的制度；法国几乎所有处方药都进入了国家医保报销目录，一律由政府来定价，另外法国政府还有一套药品强行降价制度；俄罗斯通过《药品法》和《关于调整药品价格的决定》，限制药品价格上涨指数；日本和法国差不多，所有处方药均进入医保目录，大体共有15000多种，实行政府定价。

我们仔细看看国外的经验，就会发现，治理药价虚高并不难。只要改革现行药品招标制度，根据药品批号，把所有处方药都纳入政府定价系列，形成一个包括消费者（患者）、医院、药厂（药商）、政府、保险公司在内的真正均衡的五方利益共同体，并制定完备的法律法规进行管制，真正让百姓分享经济发展的成果，不仅药价虚高的问题可以解决，看病贵的问题也会迎刃而解。

郭继孚 北京交通发展研究中心主任
王志安 中央电视台评论员

汽车围城，全国聚堵

2011年6月，北京机动车保有量接近500万辆大关。但不久之后的6月23日，一场暴雨就让整座城市陷入交通"瘫痪"——晚高峰拥堵路段超过了150条，一举打破了2010年因秋雨造成140余条路段拥堵的历史纪录。

曾有网友调侃，在广州、上海、北京等地乘坐公交车上班，必须身怀四技：上车能抢，车上能挤，塞车能等，必要时还能跑。道路一旦堵死，就意味着会出现上千白领奔跑上班的壮观景象。是什么让刚刚迈过汽车时代门槛的中国处处上演"堵车风云"？面对长长的车龙，难道我们真的束手无策，只能认"堵"服输了吗？

2010年8月24日，一本外国杂志刊文，把中国的北京首都称之为"首堵"，好像还经过了一番严格的科学论证。在全世界有堵车情况的大城市当中，北京能不能称得上"首堵"？

郭继孚： 我觉得这篇刊文可能有一些倾向性的意见，因为它说北京拥堵指数达到99，纽约是19，实际上不是这样。比如说东京中心区、伦敦中心区，车速基本上维持在14～15公里/时，北京最核心的二环以内的范围，车速保持在18～19公里/时。这样的趋势表明，我们的拥堵实际上才刚刚开始。

王志安： 2008年奥运会有一首歌，叫《北京欢迎你》，后来有人把歌词改了，叫"北京堵死你"，网上特别流行，其实讲的就是北京堵车的现实。一到暴雨或大雪天气更明显，最堵的时候差不多一小时走不了500米。

这几年兴起一个词叫"逃离北上广"，堵车可能也是一个很重要的原因，那么这方面的成本应该怎么计算？

王志安： 现在北京市有车的家庭已经占大多数了，只有当每一个北京市民都意识到堵车难以忍受的时候，可能堵车问题才能真正解决。现在从某种角度来讲，大家觉得还可以忍受。

郭继孚： 北京的实用小汽车出行中，排第一是5公里的，占44%，这是一个调查数据。在这么短的距离之内，步行或者骑自行车都要比开车快，更有效率。

英国在上世纪70年代也意识到这个问题，他们曾经算过一笔账，说英国的免费停车造成了隐性的补贴，相当于英国的国防预算。这是什么道理呢？比如买车以后，得给车找一个地方停放。土地都是有价的，如果停车不需要付费，可以随便停，这就是一种隐性补贴。

上海人就非常顾忌，比如上海人开车到五星级酒店过夜，要是把车停在门口，停车费是住三星级酒店的价格；开车去喝咖啡，个在里面喝一杯，车在外面喝一杯，所以有时候他们就不会开车去了。

实际上，中国每百人汽车的拥有量还不到世界平均水平的1/3，美国的1/19，即便是拥有近500万辆汽车的北京，汽车保有量在世界各大城市中也谈不上名列前茅。"首堵"的名分怎么会盯上一个发展中国家？中国经济和交通建设的迅猛发展世人共睹，可为什么交通拥堵问题总是呈现出"道高一尺，魔高一丈"的状态？各地竞相出台的交通管理政策，怎么总也挠不到堵车问题的解痒之处？为什么政府一方面在解决问题，而一方面问题却越积越多，到底怎么解释？

郭继孚： 有一点值得我们反思，到目前为止，北京有491万辆车，2010年一年就净增了51万辆车。但拿北京跟新加坡相比，就会发现，我国的小汽车刚进入家庭，怎么就变成这种情况了？实际上，国人刚刚富裕起来，刚刚有能力买车，小汽车刚刚进入家庭，拥堵就产生了，这是我们的现实。小汽车到底应该怎么样发展，我们确实要认真思考，这和经济有关，但也有经济之外的因素，就是我们的国情，是我国的土地资源和人口密度决定的。因此，机动车要发展一定要因地制宜。

堵车并不是中国特有，然而，无论是在新加坡，还是在伦敦、纽约，都很少见到这种寸步难行的堵死状态。中国司机在堵车时的反应，大都可以用"见缝插针"来形容。这种行为反而把"堵车"彻底变成了"堵死"状态。交通拥堵是不是一个单靠政府努力就能够解决的问题呢？我们是不是应当从自身找原因呢？

郭继孚： 有人说交通拥堵是社会发展的一个阶段性问题。比如现在日本规定，买车必须要有泊位证，泊位证必须在离家500米到两公里以内的范围，每个车位一个编号，警察要到现场核实，如果违反或虚报的，罚款20万日元，判3个月的监禁，这是并行的，不是说你交了20万日元的罚款就可以了。而现在北京限行违规罚100元钱，有人算过，限行那天100元钱打车还不一定够。所以说我们执法的力度不够，违法成本太低。

这是一个此消彼长的过程。可能当管理升级了，公民各方面的素质到位了，情况会有所改观。但中国人均拥有汽车量，如果再这样涨下去的话，城市拥堵会是乐观的情形吗？

郭继孚： 前景很不乐观。大城市的功能要进行有效的疏解，疏解的过程实际上是逆城市化过程。我们现在正处于城市化的进程之中，城市化到2010年年底只有46.6%，跟发达国家的平均水平75%还有很远的距离，国家还要发展，合理有效的城镇化是非常关键的手段。

美国纽约根据车流状况实时调整道路方向的"智能交通"，极大地缓解了高峰期的交通拥堵问题，且很好地利用了现有资源；英国伦敦征收拥堵费；法国巴黎严格查处乱停车，征收高昂停车费，倡导市民骑自行车出行；而东京、香港、新加坡等城市大力建设公共交通，限制私家车的做法，更体现出一种理念上的不同。

正在拥抱现代汽车文明的中国人是否应当反思，我们是不是真的连买菜也需要驾车出行？我们应该怎样合理使用城市有限的道路资源？

王志安： 我认为应该增加收费份额。现在世界上很多国家的城市已经开始施行，伦敦进城收8镑的拥堵费，这对于伦敦市民来说，也是挺高的；新加坡和美国的很多城市也是收费的。但当汽车的有效承载量达到一定程度之后，梳理手段就很难见效了。因为道路承载汽车的流量是有一定比例的，超过比例用其他方式也很难提高通行效率。那么此时，就要想办法降低在道路上的汽车流量，而降低汽车流量的方式用经济手段比较好。

中国现在有一种观念：买了车，交了税，就有权开车上路了。也就是说，人们把公路看成是公共产品。公共产品从经济学上讲有几个特征：第一，公共产品难以定价，难以确定是谁在使用；第二，使用公共产品不会对其他人的使用构成影响。但是汽车和道路之间的关系，只能称之为有一定的公共性。道路交通的流量小于一定程度的时候，确实个人使用不影响他人。但当有效承载量达到一定程度之后，你使用了别人就不能使用，就有了排他性。所以我们过去把道路交通看作是公共产品，实际上是由于过去车辆少导致的，还有一个原因是由于我们没办法分清谁在使用道路。这两个问题今天都能解决了。谁开的，开了多远，现有的道路交通技术可以记录、计算。美国有一个城市解决拥堵方式，不是笼统地收拥堵费，而是规定超车道收费，EPC技术一扫描，车从哪儿进从哪儿出，一清二楚，路面立刻就不堵了。我认为非常重要的原因，就是因为免费导致的，因为免费在经济学上一定会导致过度使用。由于停车免费，很多人愿意买车放着，哪怕不怎么用，哪怕打酱油也开车去；由于道路交通免费使用，导致了大家即便是三五公里的路程，也要把车开出去。

关于免费、收费与否，有人形象地比喻为自助餐，交一张门票，进去之后随便吃。

王志安： 比方中的自助餐就相当于我们的燃油税。如果把自助餐改为点餐，相对来说，每个人在桌子上剩的菜就会减少。拥堵问题，道理也一样。所以，我倒觉得，中国要解决交通问题，用经济手段解决，可能是最后一种方法，但也是最有效的方法。

郭继孚： 我非常赞同这个观点。交通问题在全世界来讲，根本上属于经济问题，是补贴经济问题。我们常常会说公共汽车有补贴，但实际上最大的补贴恰恰是小汽车。为什么？因为我们用车成本当中有很多费用没有直接算进去。比如以前交养路费，现在改成了燃油税。养路费是养路的钱不是修路的钱。修路是靠财政，是全体纳税人的钱。换句话说，小汽车在使用中，车主付的费用仅仅是维持费用的一部分而已。政府每年花几十亿元，甚至于上百亿元的资金来修路，更多的还是在给小汽车使用。车主在此过程中获得了很多隐性补贴，这是其一。其二，道路交通系统当初设计的时候，没有按照用户付费的原则去设计。交通技术发展到今天，完全有可能变成按照用户的使用来付费，按照用户使用的地点，在紧缺、拥堵的时候，就要通过价格的手段来调节，根据时段，根据不同的地点，实行不同的收费标准。

如果要靠钱来解决问题，穷人是不是就永远不要开车了？

王志安：我觉得总是用贫富的观点去考察，用穷人和富人的视角来看待中国的社会问题，这种方式不可取。当前社会的确有很多问题，如果把它技术化，问题就变简单了；如果把它道德化，问题就复杂了。其实只是交通技术上的问题，非要把它上升到所谓的政治层面之后，就真的无解了。治堵还有一点非常重要，就是观念的转变。国人现在把幸福跟买小汽车、买大房子紧密联系在一起，实现不了就特别焦虑、特别痛苦。实际上，西方很多中产阶级、白领精英，他们反而认为骑自行车是新时尚。我前不久在欧洲开会时，会议主席到了现场之后，先向大家道歉说，真不好意思，今天是开自己的车来的，他们已经形成了这样一种道路观。

郭继孚：我想再补充一点，解决大城市的交通拥堵，最关键的措施，我们把它叫做一推一拉。像北京、上海这些大城市，解决交通问题的根本出路是发展公共交通。市政府一定要把公共交通定位成相当于基本住房保障的基本保障，因为出行是和衣食住同样重要的，是市民最基本的权利。如果没有出行条件保障，生活在这个城市就没有意义。所以，城市一定要发展最基本的公共交通系统，这个系统一定要靠政府支持,公益性一定要保障,政府必须支持。如果靠市场是支撑不下去的。

另一方面我们必须采取经济手段,对待小汽车就相当于对待商品房一样,一定要让它的价格起作用。要有这两手,才可能把人从小汽车里拉出来。这就是所谓的推拉,这两手是不能或缺的。如果仅仅是把公共交通搞上去,这还不够,因为公共交通的舒适性、私密性、安全性都不可能与小汽车相比。还有更重要的是,要给公共交通优先权,在道路空间上,大容量的公共交通不能跟小汽车完全混在一起,要给它优先通行的权利,现在很多欧美城市就这样做。这就体现了要优先发展什么,要引导什么样的理念,中国大城市必然要朝这个方向发展。

北京交通拥堵是目前中国城市交通状况的典型缩影。必须承认,作为复杂的社会系统工程,交通拥堵很难说清到底是谁的问题,或者说谁都有责任。"北京的交通问题像一个滚滚而来的雪球,情势逼人,又像一头巨象站立在一个饥饿的人面前,让你抓耳挠腮,无从下手",关注北京拥堵多年的王彬生博士直言:"堵车的问题,政府仍要负主要责任。"

聚焦中国 FOCUS ON CHINA

范志红　中国农业大学营养与食品安全系食品科学博士
王志安　中央电视台评论员
郑风田　中国人民大学农业与农村发展学院副院长
何计国　中国农业大学营养与食品安全系主任
浦　寅　资深电视人

我们还能吃什么

近日，各地媒体集中曝光的食品问题颇多，问题米糊、过期面包、化学色素和"牛肉膏"，每样都耸人听闻。至于把水银注入刀鱼等问题，更让人不寒而栗。

社会舆论哗然，民众义愤填膺，可面对人心黑洞，面对无良造假，面对失信和缺德，谴责和怒骂又有何用？每次食品丑闻，都是见证"奇迹"的时刻，食品厂商犹如"魔术师"。不过谁的肉身都伤不起，除了少数隐居深山的和能自建农场的，大家的胃口都难免要经历这般"魔术"考验。每一种食材都让人心存防范，每一天都能听到食品丑闻，每一餐都吃得焦虑。其实，没有良心，羞耻感沦丧，最终伤害的是整个社会，是我们自己。"食"面埋伏，一个都逃不了。

2010年8月末，北京航空医院一下来了30多名因食物中毒而入院的病人，他们都曾在附近一家河南烩面馆就餐。经检查，患者全部为亚硝酸盐中毒，由于救助及时，才脱离生命危险。而在卫生部公布的食品安全预警中，2010年各地因使用亚硝酸盐引发的食物中毒事故有10起，中毒169人，死亡7人，亚硝酸盐究竟是什么？它离我们有多远？

范志红： 亚硝酸盐是一类无机化合物的总称，主要指亚硝酸钠。亚硝酸钠为白色至淡黄色粉末或颗粒状，味微咸，易溶于水。

外观及滋味都与食盐相似，并在工业、建筑业中广泛使用，肉类制品中也允许作为发色剂限量使用。由亚硝酸盐引起食物中毒的几率较高，食入0.3~0.5克的亚硝酸盐即可引起中毒甚至死亡。亚硝酸盐跟别的毒药不一样，别的毒药不允许添加在食品里，而它是国家许可添加的。不仅中国，世界各国都允许。

这个标准是由谁来规定的，怎么放？

范志红： 标准是政府组织相关专家定的。但关键是定了标准以后，大家执不执行。本来要求在食品中添加量有标准，残留量有标准，可厨师没有天平，也不会拿秤称究竟几克，大都是用大勺加，所以过量的风险是很大的。过去国家一般不在餐饮食品里放亚硝酸盐，都是放在加工食品中。比如说所有的肉制品，为什么熟了之后都那么粉红，肉总是那么漂亮，都是加了亚硝酸盐。但因为国家经常抽查，商家不敢多放。但在餐饮中，国家不查这一项，所以放多放少，没人管。再加上管理也很乱，商家会说亚硝酸盐和盐长得一模一样，到时候一化验，就说买错了，倒错了，该用盐的用了亚硝酸盐，搁汤里面当盐用，才把人毒翻了。

亚硝酸盐加到肉里，肉的颜色就会鲜亮很多，跟以前不一样。原来肉煮完了，是灰色的、白色的、褐色的，加了亚硝酸盐以后都是粉红色的，所以这两年我们基本上看不到原色的酱牛肉，现在全变红了。亚硝酸盐获得的途径还相当多，其中一部分是吃菜获得的。如果菜不新鲜或者是经过腌制的，或者腌制的时间不对，亚硝酸盐含量会比较大。所以大家听说腌菜致癌就是这个情况。腌制一月以上，就没事了。

蒸锅水里也有亚硝酸盐，长时间蒸煮会浓缩，但浓缩的情况还是跟水的污染情况有关。因为现在有些地方用的水，已经被硝酸盐污染了，硝酸盐被细菌污染后，会变成亚硝酸盐。因此这样的水蒸后再浓缩，亚硝酸盐的含量会越来越高。各种肉制品，基本上都要加亚硝酸盐。我的学生在一个城市调查，调查对象有普通的餐馆，也有一星级、二星级、四星级、五星级酒店，结果发现厨师往各种肉里都加亚硝酸盐或者含亚硝酸盐的配料。到什么程度？老一点的肉加，红色的肉加，白色的肉加，甚至水产品都加；除了加亚硝酸盐，还加一些调料，比如嫩肉粉、松肉粉之类。

现在好多火锅涮菜里，很多东西久煮不烂，还都是那么新鲜，是不是也添加了什么？

范志红：很多的调味料里也都加亚硝酸盐。我们实验室一共测了24种嫩肉粉或者拌肉的调料、腌肉的调料，甚至蒸肉的调料，百分之百都含亚硝酸盐，其中有两个样品超标，比推荐用量高出20倍和40倍。

有的添加剂是允许添加的，这些添加剂到底有多少种？现在有没有统计数据？

范志红：添加剂在国际上已经有好几千种，我国许可的差不多也接近2000种，数量非常多。但这些是属于许可添加的，毒性用量都有资料证明，按照使用范围添加，不会引起什么明显的问题。真正出现问题的有两类：一类干脆就不是添加剂，像三聚氰胺，它不是添加剂；一类是添加剂的过量使用。添加剂是许可加的，不许可加的不能叫添加剂，那叫非食用物质。

亚硝酸盐只是添加剂的一种，随着我国科技的昌明，添加剂种类越来越多，有的甚至可以用神奇来形容。

"一滴香，清水变高汤。"伴随着"一滴香"宣传语的出现，围绕着这种奇妙配料的争论就从未停止过。2010年，多家媒体报道"一滴香"在火锅店、麻辣烫、煲汤店广泛使用，滴入"一滴香"，清水就能变成高汤。有媒体称，人若长期食用"一滴香"将危害肝脏。

2011年3月1日，被视为有毒化工原料的"一滴香"，被卫生部正名。当天，卫生部召开食品添加剂新闻通气会介绍，经国家质检总局、国家药监局等多部门调查发现，"一滴香"、"火锅飘香剂"等产品属咸味食品香精，跟鸡精类似，如按照标准使用，对人体是无害的。"一滴香"到底有多神？为什么"一滴香"被正名为无害会激起如此反弹？原因何在？

王志安： "一滴香"这个话题是2010年被媒体关注的。我还记得当时中央电视台的"焦点访谈"栏目，专门做过一期节目，暗访了一些火锅店，也包括北京做小龙虾的，发现有很多餐饮企业都使用"一滴香"。当时大家也不知道"一滴香"是什么东西，就把它曝光出来了，一直持续到现在。在卫生部辟谣之前，大家都把"一滴香"当成是一种非法添加物，这次卫生部证明"一滴香"是一种正常的食品添加剂。我想这对于打消消费者的疑虑，会起到非常大的帮助。如果它是正规的食品添加剂，使用起来问题就不是特别大，但如果不是正规的食品添加剂，而是非法添加物，就要打击。

从食品化学上来解释"一滴香"的神奇功效，其实并不困难。食物的各种味道，都是食物中的某种化学物质产生的效果。高汤之所以香气浓郁，可能就是因为中间有某种化学物质。随着食品工业的发展，我们认识了哪一种化学物质产生香味。如果通过其他方式合成这种化学物质，的确可以起到提香作用。味精在发明之前，我们并不知道谷氨酸钠有提香的作用，合成谷氨酸钠之后，现在使用味精已经变成非常普通的事情了。

"一滴香"到底是什么东西？怎么一锅清水加一两滴，就变得芳香浓郁，可以变成牛肉汤，可以变成羊肉汤，它到底是一种天然的提取物质，还是一种化学合成物质？

郑风田： "一滴香"是民间的通俗叫法，按官方说，是一种类似于香精的添加剂。但实际上很多公司都能调配各种各样的"一滴香"，还有一些民间药方配制的。究竟是怎么提纯的，消费者也不知道。所以"一滴香"本身很混乱，官方虽然证实这是某类特殊的添加剂，实际上还有大量打着"一滴香"名号的其他物质。所以这也是为什么越证明，消费者反倒越恐怖的一个原因。"一滴香"有各种各样的组成，现在官方统一将其称为鲜味香精，是合法的，但很多小火锅店使用的"一滴香"是不是这种东西？有记者深入暗访了解到，一些小作坊生产的，也叫"一滴香"，各种各样的都有，特别混乱。

王志安： 这是需要规范的地方，简单地称之为"一滴香"，公众不知道里面添加了什么物质，这是现在亟须监管的。"一滴香"名称应该逐渐地规范起来，它的化学成分到底是什么。如果不是，就是假冒伪劣产品，就要打击；如果添加了非法添加物，还须受到刑事制裁。这样大家的疑虑可能就少了。

很多人认为，化学添加剂，尤其是"一滴香"现在这么乱，会不会致癌？有人说，"一滴香"会危害肝脏。从专业角度看，这种东西对人体到底有没有损害？

郑风田：所有的化学添加剂，它都有说明，按标准使用是不会出问题的。问题是有很多饭馆，添加剂的用量可能由厨师们自己掌握，他认为越香越好，用量标准可能要高很多倍。这样长期食用之后，对人体的作用就很难说了。一般的化学品进入人体，肝脏能够迅速地把它分解，对人体没有伤害。但是如果数量太多，肝脏分解不了，慢慢就沉淀在身体里，时间长了就会产生各种各样的损害。

王志安：我们平时使用的天然食品添加剂，如大料、花椒等，如果吃多了也可能中毒，但用得少就是一种非常好的食品添加剂。所以说任何东西的使用都有一个剂量的管理问题。就像味精，我们平时做菜，少放点也没关系，但如果一盘菜主要是由味精构成的，香气也会有危害。所以我认为要把这个区分开，到底是食品添加剂本身的问题，还是由于用量所导致的问题，这是两码事。

郑风田：中国有几千年的饮食文化，我们对食物的味觉特别敏感，吃的东西要色香味俱全，跟西方人的差别很大。这在某种程度上，为不法厂商提供了可乘之机。西方人吃东西最注重的是营养，不注重非要什么样的口味。消费者喜欢香的味道，厂家就搞出一个能增香的东西。但在消费者的心目中，食物的香味应该是自然的，是有营养的。事实上，化学合成品就能产生香味，并没有什么营养，所以这时消费者感觉被欺骗了。

我们抛开欺骗的问题不谈。为什么卫生部一站出来辟谣，反而争议更大了，有的人甚至质疑，其中是不是有隐情？

王志安：主要有几方面的原因，首先是从"一滴香"的新闻曝光到辟谣，时间间隔有些长，当时媒体报道的时候都是把"一滴香"当成非法添加物来报道的,印象已经形成了,从这个角度来讲,卫生部处理得还是慢了一点。

第二,公众对食品行业长期不信任。因为常常能看见媒体报道,这儿出问题了,那儿出问题了,苏丹红的红心鸭蛋、三聚氰胺的牛奶之类的,让大家普遍对现在的食品行业缺少信任。这也是一方面的原因。

第三,出于对食品添加剂行业的不了解。普通的消费者搞不清楚食品添加剂到底是怎么回事,认为只有天然的才是好的,只要是化学合成的就有问题。这个观念其实是不对的。比如说,有一种化学合成物叫H_2O,把它废了行不行?其实它是水,是每个人生活中必不可少的。我们每天吃的食物都是化合物,虽然有的是人工合成的,有的是自然生长的,但把它烹饪和生产出来的过程都差不多。

我经常跟我的同事说,炒菜就是化学实验,因为加上温度,加上水,加上不同的原料,它就产生了很多物质。这个化学实验跟实验室里的化学实验没有太多区别。大家不要因为产生化合物,就恐惧了,说化学合成的不行,天然的才好。其实天然的也有很多是有毒的,像蘑菇,很多蘑菇闻起来很香,吃起来要人命的。但很多化学合成品,对我们改善生活的贡献很大。比如说,味精的发明,就极大地提高了我们饮食的质量。

郑风田: 大家认为天然的东西经过几千年的进化,人类的身体系统已经能吸收它了,所以大家信任。而合成的东西整体平均下来的时间可能很短,大家对化学合成品有很高的警惕性,我觉得这是人类的本性。

现在卫生部门是以权威的口吻发布,"一滴香"就是一种咸味香精,这是否意味着今后我们对于"一滴香"会放任它的生产和使用,从而产生一系列的问题呢?

郑风田：这是公众最大的担心。我们应该对市场所有流通的"一滴香"进行检查，看看其中真的假的香味味精有多少，然后告诉消费者，你们的怀疑都是错误的，市场上99.9%或100%的都是合法的添加剂，公众的感觉就会不一样。现在有人说是天然的，也有人说是化学合成的，很多人不知道这些到底是什么东西，老百姓就会认为这是在糊弄人。必须告诉消费者，我已经抽检了多少样本，这样可能比较好。

中国食品添加剂最大的问题就是片面地迷信国际标准，这是很害人的。有时候认为，国际食品法允许添加的就是安全的，所以中国人用这个标准也没问题，很多标准都是拿来主义。中国人追求食品的色香味俱全，欧美人追求食品的营养，不需要特别的味道。中国的厨师可能为追求口感，在食物里加了大量的添加剂，比国外加的要多很多，国外根本不用或者用得很少。所以，对欧美人来说，这个量应该是安全的，但中国的厨师可能会放几十倍、上百倍的量。如果不按照中国的国情制定标准，盲目地迷信国际标准，就会出大问题。我国现在很多食品专家制定标准，往往特别容易靠拿来主义。我们一定要根据本国的国情，对用量作一个规定。一定要特别警惕国际标准或者拿来主义，所有的安全都是相对的。

在食品添加剂滥用和化学物质非法添加的双重背景下，"食品生化危机"正在逼近每一个中国人。非食用物质在食物供应每个环节上都有可能被加入。比如瘦肉精就时常被不良商贩加到猪饲料中。

2011年央视"每周质量报告""3·15"特别节目报道，河南孟州市、沁阳市等十几家养猪场，都在养一种肌肉发达的"健美猪"。养猪户在饲料里添加国家明令禁止的"瘦肉精"，生猪养殖使用"瘦肉精"几乎成了一个公开的秘密。"瘦肉精尿检"、生猪检疫等如同走过场，有的"尿检"甚至用人尿冒充，每头猪花两元钱就能买到三大证明，再花上100元打点河南省省界的检查站，便可以一路绿灯送到南京一些定点屠宰场。无须检测"瘦肉精"，每头猪交10元钱就能得到一张"动物产品检疫合格证明"。有了这张证明，用"瘦肉精"喂出来的所谓"健美猪"就能堂而皇之地走上我们的餐桌。

瘦肉精对人体有什么伤害？瘦肉精的使用是个别还是普遍现象？

何计国： "瘦肉精"是动物用药，包括盐酸克仑特罗、莱克多巴胺、沙丁胺醇和硫酸特布他林等，属于肾上腺类神经兴奋剂。把"瘦肉精"添加到饲料中，可以显著增加动物的瘦肉量。国内外的相关科学研究表明，食用含有瘦肉精的肉会对身体产生危害，常见的有恶心、头晕、四肢无力、手颤等中毒症状，对心脏病、高血压患者危害更大，长期食用则可能导致染色体病变，诱发恶性肿瘤。至于究竟摄入多大量，如何导致恶性肿瘤，有关病例研究国内外尚无定论，但是近几年各地瘦肉精致人死亡的案例时有发生。

浦寅： 瘦肉精的使用，绝非个别现象。摆在案板上的那种肉，脂肪就那么一点点，一点肥膘都没有，而且颜色特别鲜艳，卖相又这么好，凭什么不用？别说是猪肉了，牛肉里现在也检出来有。在深圳，甚至在蛇肉里也检出来了。蛇本来就没什么肥肉，也用瘦肉精，可见这个东西确确实实好使。

何计国： 瘦肉精的使用的确不是个别现象，但也没有普遍到都用的程度，还是集中在那么几个省份。湖南曾经是一个重灾区，用得相对比较普遍一些，所以政府就加大了检查力度，只要是湖南产的肉，都不放过，全查，现在湖南基本上杜绝了瘦肉精。

含瘦肉精的肉类对人体有巨大伤害，早已被国家明令禁止使用。但令人难以置信的是，这些服用了禁药的猪肉，竟然有许多进入了著名肉食品加工企业——双汇集团。"瘦肉精"事件曝光后，国务院工作组赴河南督导查处，河南省济源"双汇"冷鲜肉的6个样品查出含瘦肉精，双汇收购生猪中17头含有瘦肉精，被曝光的当地养猪场有158头检出"瘦肉精"。相关涉案人员已被查处。

养殖、收购、贩运、屠宰、加工、销售，一头猪从成长到进入市场要经历多个环节，瘦肉精早已被禁用，为什么这些环节明知故犯？为什么层层有监管，最后却形同虚设？

浦寅： 这很好解释，一是利益驱使，一是地方保护。从养殖户来讲，他不吃自己家添加了瘦肉精的猪，他专门养几头猪自己吃。

何计国： 那些不良的养殖户或者养殖企业，这样做就是为了追求利益。因为瘦肉精本身增加瘦肉率，瘦肉持水高。我们知道，肥肉实际上没什么水，大约就3%的水。所以，肥肉可以绝缘不导电，但是瘦肉有70%~80%的水。

说到检验，我个人认为，在中国，监督检验是一件非常困难的事情。比如，这一车猪全是一家养的，抽检一头，只要这一头有，所有的应该都有。一头没有，都没有，这是没有问题的。但我们国家不是这样，收猪的人去收，这家两头，那家一头，最后赶着一群猪去卖，怎么检？如果每头都检的话，这个工夫可搭不起，难度大。中国是世界猪肉消耗最大的国家，占50%。尽管双汇有18道检验、18道把关，但它的抽检率也才4%多一点。

其实，关键是看抽样有没有代表性，没准儿抽的都合格，剩下的都是不合格的，这都有可能。所以，很难做到完全防控，靠监督检验，绝对不是一个好办法。对于瘦肉精这种违禁物品，靠后续的检验根本就很苍白，形同虚设。

浦寅： 如果能在源头上，在化工厂，在医药公司这一环就给它卡住的话，那可能比在后面检验要靠谱得多。

食品丑闻层出不穷,意味着监管机制失灵;问题食品涌现,说明违法成本太低。对利益和金钱的推崇,已超过对法律严惩的担忧,这一点在食品安全领域的体现尤为突出,而食品安全问题已经不是单纯的民生问题。监管不是万能的,只有法律精神和道德良心同时发挥作用,才能重建公众对食品安全的信任。

民以食为天,食以安为先。食品安全事关我们每一个人的生命健康,只有加大对违法经营者的处罚力度,让其不敢也不能再下手,才能让大家食得安心。

张春蔚　英国《金融时报》中文网资深评论员
梁宏达　资深媒体人
米良渝　知名律师
朱　煦　资深时事评论员

婚姻动荡谁之过

2010年6月，18位个人身价在5000万元以上的富豪在广州、深圳、北京、上海同时拉开了一场"全球私人甄选佳丽"的相亲海选。本次海选，要求女性的身材要具备"黄蜂腰、蚂蚱肚"，容貌要具有旺夫相。尽管条件苛刻，但前来参选的报名人数仍接近5万人。与此同时，在成都、重庆、长沙、武汉等地频频出现的富豪组团征婚现象也引发民众热议。这些现象的出现，到底是我们这个社会出问题了，还是历来如此？

张春蔚： 话题的本身其实有两个误判：第一个误判就是，什么是娱乐价值，什么是普世价值。当媒体关注富豪选亲的时候，它只是一个娱乐价值。娱乐价值并不等于普世价值，但我们在这个时候就容易把它混在一起。因为来人多，场面热闹，又加上全是美女，大家就会觉得跟钱有关，又跟美女有关，似乎所有的眼球都吸引过来了。但它并不代表绝对的普世价值。就是说老百姓虽然爱看这种"热闹"，但并不意味认同这种价值观。

梁宏达： 现实当中，都说没有爱情的婚姻是不道德的，这话流传了很多年。但现在这种征婚方式，往往就使婚姻选择跨越了爱情的阶段，直接进入到实质婚姻阶段，往往把"爱情"这两个字给忽略了，它违背了传统价值观。

比方说一个穷小子，他为了获得一个女孩的芳心，他说自己是一个富家公子，最后事情败露，摆在这女孩面前有两条路：A. 我不在乎钱，我就喜欢他这人；B. 他是个骗子，他骗了我，不能跟他在一块。99%的女孩都会选择B。如果情况倒过来，他是富家子弟，为了拉平跟这个女孩的距离，装成个穷小子追求女孩，事情败露，这个女孩可以选择：A. 我不在乎钱，我就喜欢跟他在一块儿；B. 他骗了我，我离他而去。绝大多数女孩又选择了A。这说明什么问题呢？也许这就是所谓的世道人心。

张春蔚：富豪选亲都有几个特点。第一，年轻；第二，漂亮；第三，基本上要求皮肤白、个子高；还有一点，是处女。富豪选亲对女性的要求非常高，这里面就有一个特别大的冲突：这些女性，一方面，她们是保守的，因为她坚守着她的处女身份；另一方面，她又非常前卫，她选择了嫁给富豪，而且非常坚定地说，我一定要找有钱人。

梁宏达：我认为这一现象是来自对现在社会阶层固化的一种恐惧。若干年前，我身边某个朋友，可能揣着几万元钱去海南淘金，结果发了，现在这样的事儿基本很难出现，就是说社会阶层越来越固化。富二代、官二代构成的庞大阶层，使底层往上层流动很难。现在大学毕业生找工作比较难，女孩子不希望自己在走向社会的时候输在起跑线上，所以她希望一开始就能有一个不错的起点。对生活的向往，以及面对现实残酷的竞争，在社会上无法立足的恐惧，造成了她一进入社会，就希望能有比较高的起点的一种心态。

这种现象的出现，是社会的进步，还是社会的堕落？

张春蔚：其实我觉得这是另外一种选择。一般我们会说郎才女貌，就是比较门当户对，比较般配。但是有一点，对于富豪，或者说对于美女而言，可能就是追求绝配。富豪拿出很大一笔钱来全球选秀，他的核心是要娶老婆，选一个超脱于世俗，满足他所界定的最好的。不要简简单单地相亲，要的是绝配，就要最好的。这个时候他把自己标榜得很喧哗，其实也是可以接受的。

为了找到自己理想中的另一半，富豪们出手阔绰。据主办单位透露，深圳一位金融巨头想找一位全职太太，报名时就表明如果跟女方确定谈恋爱就送一辆保时捷跑车。美女们的竞争就更加激烈，成功入围的机会只有1/3000。那么，在普通民众眼里，拜金女的行为能够获得认同吗？

梁宏达：相亲的富豪长什么样？没见着。他家里什么情况？不知道。两人性格是否匹配也不知道。很多女性这么盲目去相亲，无非就是给自己找一份生活保障。而现在我们这个社会，拥有生活保障不是什么太难的事儿。这种相亲，更多是想免于自己受到未来不确定的恐惧，让将来生活有个保障。那么从人权基本角度来讲，第一免于饥饿，第二免于恐惧，这是基本人权的两个层面，作为追求爱情和未来生活来讲，这标准是不是太低了呢？我觉得在这个基础上，在有更多的了解过程当中，认可这个人，这是最基本的。如果在认可的基础上，他还是个富豪，那就更好了。

张春蔚：我们平时在采访中也发现，富豪征婚最后选择的往往是一个并不么漂亮的女性。有一位富豪征婚，陪同他海选的律师说，他看到那个富豪手发抖的时候，他就知道，这个富豪的海选结束了。人和人之间来不来电，不管他有多少钱，她漂不漂亮，其实这些都是次要的。爱情是一份很美好的情感，虽然有很多这样那样的新闻，但是我们骨子里还是希望有情人终成眷属，而不是说有财人、有钱人终成眷属。

有没有可能，这种现象被我们曲解了，仅仅是一种心理现象，而不是一个人真正的选择？

张春蔚： 它仅仅是一个笼统的概念，如果细化起来，可能并不是真正的择偶标准。

梁宏达： 我理解这意思，就是说物质条件是进门证，最终你这个人的魅力和缘分才是信用卡。关键是一开始有没有进门证，当你一个穷小子能混进舞会的时候，你可能就会娶到白雪公主，关键是这个舞会让不让你进去的问题。

还有一个观点，认为是现在女孩拜金。这是一个普遍现象，还是电视节目的一种炒作？

梁宏达： 作为媒体来讲，有时候是为了吸引眼球而为之，比如5000万元身价以上的富豪征婚，就是个很刺激的标题。这种现象绝不是主流宣传现象，所以它往往能吸引很多人的眼球。但是媒体把它放大了，就像相亲节目一样。我们也承认，把丑陋的东西暴露出来没什么，可是如果整天反复暴露这些东西，总这么宣传的话，会让一些人的思维产生一种错乱：我们的世界是不是就这样？

张春蔚： 对。因为在选秀、相亲节目中，我们看不到淑女，我们看到的全是美女、暴躁女、咆哮女。这是女性有问题吗？其实这种剽悍女的背后，有的是出于节目的需要，有的是为了突出自己，她们本身不一定为了嫁人，只是为了个人符号而表现。不如干脆把它看作一则新闻，消遣一二，只不过现在是通过电子传媒把它极端化了而已。

尽管媒体上的婚恋节目热闹异常,但更多的民众还是选择了传统的婚介所和婚恋交友网站。据真情在线婚介中心提供的数据显示,有消费能力的人选择支付1万~10万元不等的费用,婚恋专家会为这类顾客提供一对一的指导服务,成功率在70%左右。而另一类没有消费能力的顾客,也可以免费利用其婚介平台,选择自助服务,要想找到另一半,基本上只能靠缘分。那么灰姑娘能否找到白马王子?现代社会择偶过程中的拜金心态又该怎样引导?

梁宏达:首先从自然配置角度来讲,这一定能解决。我身边曾经有一个同事,80后女孩,每天看大量的爱情小说,对美好的爱情无比向往,可是突然有一天大彻大悟地跟我说,老梁,我决定了,我要嫁大款。我说你决定容易,可大款在哪儿呢?从自然资源的配置角度来讲,你再拜金,不可能所有的富豪等着让你挑,所以最终一定会降低自己的期望值,然后寻找自己的意中人。这会自然而然地发生一些自然配置。就像在菜市场,所有的人都想把萝卜卖出金条的价,但最后成交时,萝卜就是萝卜价。

张春蔚:很多人看相亲节目,看拜金的人,实际上是带着一种居高临下的优越感,这仅仅是看客的思维。但如果把心态放得更低一点,这是别人的事儿,如果不围观,或者围观的人少一点,也就没有那么大的轰动效应了。

像我们谈到的剩女,如果她真的能够自食其力,她有车有房,那么她对于男性的选择,就不是别人来选她,而是她在选别人。我们应该为那种自食其力者、财富的制造和拥有者叫一声好。

恋爱从来和婚姻是分不开的,现在许多大城市的离婚率居高不下,很多是因为婚姻出现了危机,出现了第三者。

2010年12月,一位女大学生网友"左兰兰2010"在微博发文称，大学毕业曾有一份月薪3000元的工作，因为在大城市没有寄托，她选择了寄生，把初恋献给了一个大她20岁的已婚高官，还自曝细节、介绍"小三"心得：傍大官最稳定。

在"左兰兰2010"的眼中，"小三"是社会的"稳定器"。而在内地某当红女明星看来，"小三"简直很伟大。在接受某周报专访谈到关于"小三"的话题时，她说："我觉得不是所有的女孩子都能接受这样的情感，能接受的女孩子是挺了不起、挺伟大的，可想而知她为了情感，或者是为了喜欢的人付出的代价有多大。"

怎样看待"小三现象"？"小三现象"到底是社会的"稳定器"，还是"破坏器"？

米良渝：我觉得，这种现象肯定不利于婚姻家庭的稳定，当然更不可能说是婚姻家庭的稳定器。婚姻家庭是社会的基本细胞，婚姻家庭不稳定，社会就不可能和谐稳定。

朱煦：我觉得这样定义太简单了。这种现象实际上就是一种存在，这个存在我们不能无视。内地那位当红女明星说的一句话很有意思，她说不是所有的女孩都能接受，或者做得到的。她承认有一部分是能做到的，那为什么做得到呢？这是一个相对复杂的问题，我觉得把它定为稳定器也罢，或者破坏器也罢，都显得太简单了。

米良渝：我不知道稳定到底是从哪个角度去看，是家庭稳定了，还是婚外情稳定了？我觉得都是不可能的。没有任何一个原配愿意去接受婚外情的现状。如果她接受了，也是迫不得已，不可能是真实意义上的稳定。我们再看婚外情，"小三"有没有"转正"的愿望？她能永远不想"转正"吗？她会永远甘于这种畸形的情感和残缺的情感吗？她目前维系的这种感情稳定吗？如果她一旦有了"转正"的想法，婚姻家庭还能够稳定吗？

其实那位女明星对"小三"有一种赞赏的潜台词。她有这样一个逻辑：认为做"小三"挺难的，所以应该值得尊重；因为别人很难做到，所以就是一件好事情。

朱煦： 如果按照这种标准衡量，"小三"似乎是女性人群当中，特别是年轻女性当中的佼佼者，敢作、敢为、敢当、敢承担后果、敢接受拿自己的青春去换点什么的现实。

米良渝： 我觉得现在的"小三"成为"小三"们，呈现出"小三现象"，跟社会现状和时代背景是有紧密关系的。现在有一种人叫"傍傍族"，就是说结婚要傍大款，做事要傍权贵。这说明我们生活在社会关系网当中，做什么事情都想要去寻求一条捷径，达到事半功倍的效果，我觉得随处都可以见到这样的傍傍族。

当今社会，一边是"读书改变命运"、"拼搏改变人生"这些主流人生价值观通行社会；一边是"学得好不如嫁得好"、"考第一不如有个好爸爸"的陈腐人生信条，沉渣泛起。当"小三"纷纷从"地下"潜伏状态"浮出水面"之时，社会是否应重新对"小三"进行道德定义？"小三"是现实逼迫，还是自甘堕落？

朱煦： 当一个人做第三者的时候，千夫所指；当一百个人，或者说几百上千人在做的时候，似乎指向她们的手指就变得不那么有力了。从客观存在上说，这是一个有供有需的结果，但这能改变事物本身的性质吗？其实改变不了。它对方方面面的腐蚀、侵蚀和破坏作用，是不言而喻的。

米良渝： 因为我主要是在婚姻家庭领域从事一些工作，谈到婚姻家庭，第一时间、第一反应出来就是道德、情感、伦理、亲情、血脉。所以必不可少的就要提及"道德"这两个字。过去说到同居，都是非法同居，现在立法上已经把"非法"这两个字去掉了。单从婚前同居这个行为来看，是我们的道德水准在下滑呢，还是过去的道德标准很高？我觉得"小三现象"不能简单地用"道德"这两个字来衡量。

朱煦：我们统计一下比例，支持当"小三"的肯定特别少。所以出现这样那样的另类现象，没有必要过多地忧虑，相信她的更多的同龄人是有能力辨别是非、控制自己的。所以我们从整体判断，"小三"依然是支流不是主流。

2009年，中国离婚总数为246.8万对，其中民政部门登记离婚人数180.2万对，法院办理离婚人数66.6万对，中国几个大城市的离婚率已经超过了30%。据有关专家透露，"小三"成为离婚的重要原因之一，婚外情排在婚姻五大杀手之首。如何打赢婚姻保卫战？怎样减轻"小三"对家庭社会带来的冲击？

米良渝：婚姻出现问题，原因可能有很多。有贤妻良母在身怀六甲的时候，丈夫出轨，有了第三者。当然也有比较极端的女性，属于河东狮吼型的，在家里脾气非常暴躁，把老公往家庭之外赶。还有一种疑心重重型的，把老公攥得特别紧。殊不知婚姻就像手里的一捧沙子，攥得越紧，失去的就越多。当然，还有那种抱怨型的、冷漠型的，现在女强人也很多，有自己的事业和工作，她在外面打拼，回到家里已经很憔悴了，可能就会忽略或是冷漠了老公。外面可能有给男人慰藉的机会，在这种情况下，她老公很可能就出轨了。

朱煦：我注意到最近最高法院关于婚姻法最新的司法解释，对于婚姻当事一方，在婚外和另一异性有过协议或者是财产往来等情况，确定了更多的细则来维护婚姻内的权益，而不是保护婚姻外的那一方。这种制度安排是非常有利的，起码会告诉"小三"们：想通吃是不可能的。你可能一不小心拿了一点。如果对方不追究，你可以拿走；如果追究，你还是拿不走的。

怎么样才能在人留不住、心也留不住的情况下，在财产方面多保留一点？

米良渝：有一种办法，就是签忠诚协议。有的妻子是很有法律意识的，当发现老公有一些出轨的蛛丝马迹，她就进行谈心、沟通、交流，这也是很有必要的。在她沟通交流的同时，还签了一纸协议，比如说妻子会要求老公，如果再发生出轨行为，那么家里所有的财产全部归自己所有。或者是，如果再发生出轨行为，就要到天安门广场长跪三天。再有就是，如果有不忠的行为，就不能提出离婚，即使离婚也不能抚养孩子，这都是忠诚协议经常见到的一些内容。

朱煦：关于当下的"小三现象"，我们有非常明确的判断。这种现象是和我们所倡导的主流价值相悖的，这一点是毫无疑问的，是一点都不模糊的。即使你有个人的选择权利，即使你遵循了交易规则，但依然是错误的，依然是不可取的，依然是不能倡导的。

自古至今，国内国外，婚姻的确都不容易。在废除封建婚姻制度的同时，我们又以自由之名滋生了功利婚姻；在解放思想改革开放的同时，我们又以经济之名滋生了物质婚姻。金钱、物质、权力、地位和花容月貌终究都逃不出新陈代谢、过眼烟云的规律，别扭就这样来了：婚姻总是出问题，一再吵架，两败俱伤，终生痛苦。

自己的牙齿不当心都会咬到自己的舌头，何况两个大活人朝朝暮暮生活在一起。正因如此，婚姻必须有爱情作为坚固的基石。

一个人，唯有为爱才可能善于爱。唯有善于爱，才有可能宽容、忍让和体谅。唯有宽容、忍让和体谅，才是爱情的保鲜剂和婚姻的润滑剂。

由自的后(08名一是地中
赛名一是也时同。衾
文原以大品地的
新然是了的论评,人名以
障是然他。色特要主为题
设人术是衣装,亚

当年是神的事件之一,广
没有关中国数育本制的省
生进以文地。来年近
相的他人世相亮身有
有又亿的点击量。文
人称他是"中国文化社区

第五章
大时代中的小人物

中国文坛的"坏小子"
身陷囹圄的昔日首富
正常人成精神病,精神病院的门为什么那么好进

张　鸣　中国人民大学政治系教授
王小东　中国青少年研究中心副研究员

中国文坛的"坏小子"

他是一名80后的自由作家，同时也是一名赛车手。他的作品尤以调侃文化名人、评论时下最热话题为主要特色，他就是韩寒。韩寒最初为人所知，是他根据自己的辍学经历写的第一部小说，成为当年最畅销书之一，并引发有关中国教育体制的争论。近年来，他又以博主的身份亮相世人，他的博文有过亿的点击量，有人称他是"中国文坛坏小子"、"叛逆英雄"、"杀手韩寒"，他的影响力蒸蒸日上，但同时也有很多人不服气，认为韩寒没什么了不起，论深刻不如鲁迅，论智慧不及胡适。他们眼中的韩寒只是一介再普通不过的公民。而《南方周末》一位评论员恰恰这样评价韩寒："他是公民标本。"那么，韩寒在年轻人当中有这么大影响力是什么原因？

张鸣：我觉得，韩寒的成名也有一些偶然因素，比如他很早就辍学了，辍学之后靠写作为生。当年韩寒在公众面前出现的第一形象是一个辍学者，而不是一个思想者。他最出名的还是因为跟白烨打了一仗，当年的韩白之战，让他一战成名。

王小东：我看了关于韩寒的网上调查，还有街头访谈，感觉诧异的是，网上的民意跟街头调查的民意还是有所不同的。网上调查韩寒的影响力特别大，无论是人民网还是凤凰网。在网下却很有意思，特别是1980年代以前出生的人，大部分人不知道韩寒，也不认同，对他没有什么印象。80后、90后在网下调查，对韩寒的认知度会比年纪大的一代高很多，但意见还是有分歧的。

其实我原来也不太了解韩寒，我没看过他的书，这次我很认真地看了他的博客。从他近一年半的博客来看，我觉得他没什么叛逆，比他更叛逆的人多的是。过去他的言论可能比较厉害，但现在看不出来。韩寒给我的感觉好像现在比较收敛自己，更成熟了。坦率地说，我认为前期韩寒的叛逆，比后期问题更大。比如说对于学数学，韩寒语录当中，很早就说数学不重要，不该学，没用。其实，这种话对年轻人恰恰是挺有害的。韩寒摆出这样一种姿态，又有那么多人推他，他们没有去考虑这个问题，他们考虑只要是叛逆就行，至于数学学科是否该学，这个问题根本不在他们考虑范围之内。

作为一个成年人，尤其是一个长者，看见一个孩子叛逆，也许他叛逆得很没道理，但有时用欣赏的眼光去看年轻人的叛逆不也是一种宽容吗？

王小东：是一种宽容。但这种宽容跟在幕后助推是两回事，把这种叛逆抬得很高是不妥的。刚才我讲了他叛逆数学，再一个就是叛逆中小学教育。不仅是韩寒，很多所谓的著名学者，都在这个行列当中，这也是有问题的。很多人指责现在的中小学教育，说美国如何如何，中国如何如何。其实美国究竟如何，他们也未必真知道。

2010年4月29日，韩寒登上美国《时代》周刊全球影响力百人榜，同时入选的还有美国总统奥巴马、美国当红偶像Lady Gaga、韩国人气明星Rain，韩寒得票数甚至比奥巴马还多。中国网民对韩寒上榜展开热议，有人欢欣鼓舞，赞扬韩寒为中国人争气；有人提出质疑，认为这只是《时代》周刊的一种炒作。那么，从叛逆少年到拥有超人气点击量的博主，韩寒盛名之下究竟如何？

5月中旬,在北京八个区域,针对不同年龄、职业和文化层次的人群就韩寒入选《时代》周刊"全球最具影响力百人榜"进行过一次250人的问卷调查和街头采访。问卷问题包括"你知道作家韩寒吗"、"韩寒对你有哪些影响"、"你认为韩寒对哪个人群影响最大"、"你认为奥巴马为什么要见韩寒"、"近期《时代》周刊频繁把中国人、中国话题列入报道焦点,你认为是出于什么目的"等11个问题。

在250份调查问卷及街头普通受访者中,有64%的人知道韩寒,其中80后、90后的受访者知道韩寒的占84%,有79%的受访者认为韩寒对自己的影响不大。88%的人认为奥巴马要见韩寒是出于政治考虑,18%的人认为《时代》周刊是通过选择韩寒传递西方价值观,26%的人认为《时代》周刊炒作韩寒是为引起中国关注,达到政治目的。

王小东: 韩寒当然有他的优点,他文章写得很好,俏皮话说得也挺好,长得也比较帅,很多女孩子很喜欢他。我认为他代表了一个很特殊的人群,这个人群在中国社会当中并不是很多。其实我们可以看出,对于韩寒的关注,包括博客点击率,在中国的人口当中还是一小部分,换句话说,韩寒的影响力不可高估,他的影响力还是有限的。

张鸣: 我觉得也没有必要推翻《时代》周刊的结论。从问卷中看,受访人群中知道的占64%,80后、90后知道的是84%,这个比例还小吗?2004年,有一次我在大学演讲,结束后一帮学生问我,知道韩寒吗?我说知道。你喜欢他吗?我说喜欢。他们说那我也喜欢你。我那是第一次沾了韩寒的光,那时候他还没这么大名气。我觉得一个人既不是影视明星,也不是体育明星,能有这么大影响力,就是你随便上街头调查250人,连中年的算上都有64%的人知道,这个比例还小吗？虽然有的年轻人说自己受韩寒的影响很小，但对于80后，他们一般不愿意承认别人对自己有影响。我觉得一个人既不是体育明星，也不是影视明星、歌星，能有这样大的知名度，在中国很难找出第二个。

韩寒这个人以及这个现象的存在，对于中国来说是一个正向的因素呢，还是一个负面的因素？

王小东：坦率地说，我认为过去的韩寒问题比现在大，负面因素更多。像他对数学的蔑视态度，对孩子的教育是一个负面影响。但话说回来，我看他最近这一年半的博客，觉得正面影响多。他有些批评是对的，比如他对世博会的批评，就一针见血。

张鸣：年轻人不可能不说错话，说错话也是他的一部分。韩寒就是韩寒，韩寒说话并不是说他想怎么样，他现在还有说错的地方，错就错了，这没什么。我没觉得中国数学受他什么影响了，大家还是在复习、考试，老师该教教，没多少学生因为听了韩寒的话，不上数学课了。就这个道理，一个人再能，也干不过体制。很多人就喜欢韩寒说的那个劲儿，就喜欢他的态度，所以我认为他是正面的。

另外，我觉得如果说美国《时代》周刊想通过韩寒传递美国价值观也不妥，因为没看到韩寒身上有多少美国价值观。既然他没有多少美国价值观，为什么要通过他来传递？怎么个传递法？所以我觉得其实可能未必。这也许就是商业行为，为了争眼球，对此不必过度解读。

2009年11月，奥巴马访华期间，曾在上海与中国的青年代表见面。美国大使馆向韩寒发出邀请，韩寒以比赛为理由推辞了。很多人认为这一邀请背后的原因与《时代》周刊选择韩寒有着某种内在联系。那么,《时代》周刊选择韩寒背后真的有什么政治目的吗?

张鸣: 我不认为有这种可能性。说实在的,我最欣赏韩寒的一点,就是他居然可以跟大众对着干。像抵制家乐福时,他说:"我不抵制任何货,只抵制蠢货。"那么大的反对潮,他就是对着干。我既不买当官的账,哪怕你是总统,也不买大众的账,我就是我。真是很牛!说实在的,在中国,你找不到第二个。

还有一种可能,美国人现在也丧失文化自信了,也许《时代》周刊就是想找几个中国年轻人打听打听,说谁对你们最有影响力,恰好这些人是韩寒的粉丝,就力捧韩寒,也有可能是这样偶然选出来的。

王小东: 坦率地说,这里不存在某一个阴谋集团,但是这种倾向还是可以看出来,有很多影响大得多的知识分子并没有进入名单,还是有一定指向的。

即使是美国人按照他的价值观在中国寻找最有影响力的人,怎么就轮到韩寒了呢?

张鸣: 我觉得关键是韩寒对于媒体而言,的确有其倾向性,媒体不可能完全没有倾向性。选了韩寒,韩寒呼吁力强,一大堆网民投票,对媒体有好处,所以对《时代》周刊来说,选了韩寒就挣到了80万中国人的点击量。韩寒自己倒无所谓,他本身影响力就很大。对媒体来说,韩寒就是争眼球的,这个无可厚非。我觉得媒体总是要炒点事干,人家就是要争眼球的,过于强调它的意识形态我觉得没什么意思。

王小东: 韩寒今天被放得这么大,我认为他背后还是有某种社会思潮的力量在推动,包括中国人和外国人。第一,他们希望韩寒替他们说一些话。第二，他们觉得同样的话如果韩寒说出来，对年轻人的影响更大，比自己说更适合，这是很多知识分子的倾向。

这一代80后年轻人，包括韩寒在内的这一代人，他们有哪些特质是危险的，有哪些特质是中国的希望？

王小东： 韩寒影响很大，但他也无法代表80后或者90后。现在的年轻一代，是充分多元化的一代。很多80后跟韩寒并不一样，比如有很多的80后在拼命钻研数学、物理、工程技术，他们在研究怎么制造大机械，包括军舰，现在的总设计师也有80后了。这样的一群人，跟韩寒非常不同。比如说个人专业技能，韩寒长于写，人家长于数学，长于设计；韩寒讲文学，人家擅长理工。坦率地说，我认为这些人更是中国未来的希望，中国的脊梁。

张鸣： 我觉得这个问题没有多大意义。80后是个大群体，他们特别强调个性，每个人都与他人不一样，他们用不着谁代表，也总结不出来他们共同的特性，哪个是好哪个是坏。每一代都有自己的优强，每一代也都有他们的局限，每一个人都有他的成就与不足，让我们上一代人来判断他们怎么样，这实际上没有什么意义。作为一个老师，我觉得个性很重要，就是说一个人的价值在于他跟别人不一样，这才是他的价值，而不是他做的跟别人都一样。比如说像韩寒，有人喜欢他的节制，有人喜欢他的克制，有人喜欢他能把握界限。只要他能一直保持个性就行，最后若是韩寒承受不起了，越来越像成年人了，我觉得那就没劲了。

韩寒进入美国《时代》周刊全球最具影响力候选名单的报道，令人惊奇的不是韩寒的入选，而是惊奇于新闻标题最后那个有些刺眼的问号。可能在部分网友眼中，"中国"并非"世界"的一部分，或者全球影响力人物只应由政治家与经济精英入选。也许在今天需要进一步思考的是，韩寒的影响力究竟从何而来？微博上流传一段十年前的视频，那是韩寒当年参加央视节目的对话。从中我们不难发现韩寒影响力的真正来源——韩寒领先于他的时代，正是因为他早就立足常识。另一方面，通过那段对话，我们不难感觉到，在今天的中国，常识是多么稀缺可贵，在现实中要获得常识，不仅需要勇气，更需要智慧。

当然，韩寒的影响力在某种程度上也是多元时代造就的。不过，这种"造就"是以某种奇妙的方式完成的。当社会造就大批缺乏常识、心灵扭曲的人们，却又依稀让这些人看到真实世界的时候，一个站立的、健康的、生机勃勃的韩寒就拥有了影响力。这样看来，韩寒的影响力，不是什么媒体给他的，而是他个人奋斗与粉丝之间双向选择的结果，是一种"共谋"的产物。

毛寿龙　中国人民大学行政管理系主任
李德林　《证券市场周刊》新闻部主任

身陷囹圄的昔日首富

1986年，黄光裕进京创业，历经22年，从摆地摊起家到上市公司主席，连续三次问鼎中国首富，黄光裕向我们展示了一个商界奇才的创富神话。2008年年底，黄光裕因涉嫌经济案件被警方拘留，在被羁押17个月之后，重新回到媒体的聚光灯下。2010年5月18日，法院一审认定黄光裕犯非法经营罪、内幕交易罪、单位行贿罪，三罪并罚，决定执行有期徒刑14年，罚金6亿元，没收财产2亿元。白手起家的黄光裕为什么会经历从民企首富到阶下之囚的蜕变？

网上关于黄光裕案的评论，分成截然不同的两派。一派说判得重。打了不罚，罚了不打，罚了那么重的款，又判14年有期徒刑。一派则认为判得轻了。对黄光裕的处罚到底是轻还是重？

毛寿龙： 就我个人的判断，我觉得还是重了一些。作为在一个特殊时期的特殊的人，应该说他对社会的破坏力、对经济的破坏力相对来说还是比较小，后果还不是很严重。从国家发展、从对民营企业家的鼓励这个角度来讲，我觉得还是重了一些。

李德林： 我觉得无论是从法律的规定还是从过往的案例看，都是适中的。内幕交易罪在之前，中国最大的民营企业德隆系的掌门人唐万新判了5年，但当时刑法规定最高刑期就是5年，此前所有相关的内幕交易罪的主犯都是判5年。现在的刑法修订了，将5年的刑期延长到10年。黄光裕的案子，最大的罪名就是内幕交易罪。单位行贿罪，对他个人没什么影响。非法经营罪，按照刑法的规定应判15年。三罪并罚判14年，我觉得从法理上来说是没什么问题的。当然如果要从情感上来讲，很多人认为可能偏重一点，但我相信法律的公正和严谨。我们看待任何一个问题都不能用个人的情感去左右法律的天平。

根据各个渠道的信息，黄光裕给人们的印象是什么？他到底是一个什么样的人？

毛寿龙： 各种信息拼凑起来给我的感觉，就好像是在一个经济发展的荒漠中，黄光裕开辟了一片绿洲，绿洲逐渐形成一个网络，而且给很多人提供了机会，他自己也实现了梦想。比如很多人去美国，白手起家变成了富人，实现了一个美国梦。现在中国改革开放三十多年，也给人们提供了机会，企业家们也促进了中国的改革开放，促进中国的市场化发展。中国目前GDP达到数十万亿元，这些人曾经是有过贡献的。

中国这一代企业家，尤其是草根成长的这一代企业家，都非常勤勉；也不能说黄光裕不是一个善良的人。黄光裕家族每年通过基督教教会渠道捐出去好几千万元，而且他不张扬，不开新闻发布会，不炒作，说明他有很多人性向善的一面。黄光裕之所以走到现在这一步，最根本的原因是什么？是因为道德问题、社会问题，还是因为他这一代企业家的能力缺陷问题？

李德林： 根据我对黄光裕的了解，包括整个事情的前因后果，我觉得这是一个综合发酵的过程。首先是能力的问题。黄光裕并不是不努力，他很聪明，有判断力，但他的能力中包含决定他的文化素养的问题。他初中都没毕业，基本上属于商人里面没有文化的人。我曾经和同仁们交流时提出这种观点：中国有两类人容易出事，一类是没有文化的富人，一类是有文化的富人。没文化的富人典型就是黄光裕，因为他的学历有限，决定了他的失败。有文化的就像顾雏军，硕士以上，他的团队当时最低的学历也是大专。因为高学历，他们会更多地运用资本杠杆，不断突破一些法律的界限，极易走上极端。

毛寿龙：这个分析逻辑，从一定意义上来说是成立的。但人有主观能动性，有他自己的选择机制。有的商人非常注重学习，一旦有什么机会立即抓住。他不断地在学习，不断地在结交新的人际关系。他除了做自己的企业以外，还做整个行业的事。这个行业发展应该有规划，应该怎么做，怎么跟政府打交道，怎么来写提案，怎么来影响政府。所以我觉得，这是一个人自己的选择和某一个方面的倾向问题。

李德林：黄光裕很勤奋很聪明，但他不智慧。做企业要跟政府、跟方方面面打交道，不会用这些智慧很危险。黄光裕的发家是在改革开放之初，他最早的一笔贷款是3万元。这3万元贷款是怎么取得的呢？他跟贷款机构进行了一个利益的交换，他选择的是勾结。而另一部分人，像王石、冯仑，他们选择的是合作。假设我从银行贷款，那么我给银行的相关官员5%的回扣，这就叫勾结，说白了就是违法。黄光裕就是典型的例子，可以说，是他自己错误的商业生存逻辑导致了今天这种后果。

从白手起家到运作"国美"上市，从官场到商场，黄光裕与他的潮汕老乡始终如影随形，这其中又蕴藏着怎样的玄机？

李德林：黄光裕的红头船文化，一般广东人都很清楚，那时他们出海谋生，都是一帮人在一起，不然可能会在海里丧生。这可能跟地缘文化有关系，比如说最开始在北京，黄光裕的货被工商没收，还是广东老乡帮他解决的。实际上从一开始，他就对这种地缘关系有一种依赖，这就是中国商人的乡缘情结。所以我们经常看到一个现象，浙商、晋商或者是粤商，在美国你就只能听到当地的商人或者说犹太商人，你绝对没有听说华人商人。最近听到关于全球闽商大会的新闻，中国商人走出去了，还是闽商。他无法突破这个局限。假设出问题，都会在地域相关的人身上出问题。

利用老乡关系是为了降低成本，但在越来越趋向于公正和透明的市场经济环境下，这其间隐性成本更大。实际上，乡缘关系会带来巨大隐患，黄光裕付出的这种隐性成本到后期大得吓人。

在中国，这是一个文化问题。这是从哪一代开始出现的？有没有打破这个恶性循环的可能？

毛寿龙：在中国，经商做官都要利用好乡缘关系。原来中国人都适合在本地做生意，外地人来很容易挨宰。所以说商业居于地域的范围，而一旦超出这个范围，就必须用扩大的老乡关系来维护商业的安全性，就是黄光裕的模式。黄光裕已经把乡缘关系扩大到全国了，在全国范围内把乡缘关系用起来。对官员来讲，老乡来了带点土产也很正常，在纪委眼里，这也不算行贿受贿。这实际上是中国比较成功的商业模式和从政模式。这种模式要改变，我觉得有一定的困难。

从"国美"成功上市开始，黄光裕就陷入了对资本运作的痴迷当中。是企业发展需要他铤而走险，还是为了满足自己欲罢不能的赌徒心态？像黄光裕这样去玩资本杠杆，甚至去做产业资本，在中国现行经济社会现实下还可能吗？

李德林： 资本实际上是运用资本，如果只是玩资本，迟早也得死。比如说，某个酒厂的技术很好，老老实实做，在当地也可能活得很好。那如果玩资本又怎样呢？假如酒厂有技术，就可以造概念，称自己生产的啤酒是所谓的新能源产品。本来就不熟的东西，画一张大饼，这个就叫玩资本。把股价炒上去然后再融资，当第二轮融资完了，后来的股民一看，这新的投资什么都不是，结果都是亏损，谁还信你呢？

在中国证券市场这么玩而且玩赢的不乏先例。头一年还是绩优股，第二年等融了几次资之后马上就消失了。上市公司就成了这些老板的提款机，这样的公司我们见得还少吗？遗憾的是，这些人没有得到应有的惩罚。

毛寿龙： 资本市场本身的完善很重要。像黄光裕，也就小玩一把。资本市场稍稍玩一下就知道资金是从哪儿来的，怎么违规操作是很容易被识破的。所以我们说市场完善、制度完善了，实际上是减小了这部分人的空间。

黄光裕到最后就像个大孩子一样在炒股票炒期货，有点像个网瘾少年。实际上他对这种风险很大的"游戏"已经上瘾了，已经很难放下了，因为他相信总会赢一把。

李德林： 黄光裕玩资本源于盲目扩张，这样说我觉得一点都不夸张。他为什么后来会发展成这样？有一句话用在他身上是最恰当不过，他把最简单的事情做到了极致，就是卖家电。因为这种商业模式很简单，他的现金非常充足，才有了后来的多元化，比如投资房地产。我觉得黄光裕投资房地产的时间点不对，很多人投资房产都赚钱,他就没有。他开始动工的时候,国家出台了新政策,楼不封顶不允许卖。在此之前只要动工就可以卖楼房了,那样资金流转很快。但在现行政策下就不行了,资金周期从拿地到楼封顶要4年,这4年只能去银行贷款,但又不能贷4年的长期,只能是6个月或者一年一年地贷。要想去维护银行关系,就会有利益交换,他再一次选择了勾结。

当然还有一个办法,就是把国美电器的资金挪过来,即内融资模式。但问题是,国美是流通领域的,也有借款周期,是4个月。4个月的借款期,也就是说一年必须要周转3次,而房地产是4年,就要周转十多次。即使把国美资金中的20%抽出来,对于家电零售业来说,资金链就会绷得很紧。这个过程中,他就会想一切办法去找钱,炒股票、炒期货。因为他太需要钱了,而股市上的风险不会因为你是首富就可以控制的。

毛寿龙: 刚开始是产品市场,再到物资市场,然后到大宗产品市场,最后转到资本市场,不断升级的过程中,可以看出实际上是市场的水越来越深。有些人会游泳,有些人以海盗的方式也可以生存,也能够发展,但不是所有人。

有人说了,你不要以为公司很大很厉害,从一百年的跨度来看,所有的大公司基本上都会死的,能活下来的百年老店真是很少的。从这个意义上讲,海盗死得更快。黄光裕个案也是符合这个规律的,投机者必然被市场淘汰。

在中国,从摆地摊到首富,不断涌现这样的奇迹,问题是,哪些奇迹是能够撑到最后的,哪些可能是假奇迹,真的不知道。我们还在等待一代历史的见证,我们还必须往下看。

中国中小企业协会顾问委员会主任委员保育钧先生曾讲过这么一句话,"黄光裕的罪,真正的罪魁在公权力。"三项罪名,

14年刑期，黄光裕的获罪并不是一个人的事，而是一张庞杂网络的倾覆。企业高管、政府官员分别在这张网络中扮演着一个一个有着亲疏远近关系的连接点。黄光裕案背后，权钱交易的土壤该怎样铲除？

毛寿龙： 黄光裕的案子牵涉到大大小小的一堆官员，我倒不觉得是公权力出问题，而是掌握公权力的人出了问题。应该说公权力本身不是没问题，有一些就并不规范，也不透明。过去的证券市场或者说银行，一些制度本身就不透明。为什么贷款那么短呢？我们个人买房子还有二三十年可以贷款，为什么不能给前期办得好的企业多投一点钱呢？或者政策为什么变化得那么快呢？

哪个地方政府行为比较规范，哪里的市场发展就比较好。即使政府行为不规范，但领导的行为比较规范，像江苏的昆山、浙江的义乌，对外地人都很规范，而且还给他们提供各种各样的服务，地方发展就都很好。从这个意义上来讲，我觉得政府行为规范是可以自我约束的，并不一定要等出了事以后让外界来强制规范。只有规范公权力，才能避免第二个黄光裕的出现。

有人说，黄光裕案是中国民营企业的一本沉重的教科书。它警醒世人，中国不公平的市场环境对民营企业发展造成的不良影响，同时让我们反思民营企业家在社会转轨时期的财富伦理，以及民营企业在制度建设上的缺失。

在清算黄光裕的过程中，必须伴随对制度的反思，必须伴随对官员权力的约束。中国的"问题富豪"事实上是长在"问题制度"之树上的果子。"问题制度"缺陷太多，"问题官员"太腐败贪婪，这些无疑是导致民营企业家"出事"的重要背景。但没有办法，民营企业家必须一方面向前走，另一方面要从野蛮生长走向文明生长。已经形成规模的民营企业应尽快完成从家族式管理到现代企业治理的过渡,摆脱对创始人的过度依赖,更多地以现代商业的思维、遵守规则的方式去经营发展。

聚焦中国 FOCUS ON CHINA

张小宁　中国政法大学教授
叶　闪　时事评论员

正常人成精神病，精神病院的门为什么那么好进

2010年12月22日，河南漯河农民徐林东拿到30万元钱，这是一个正常人被关进精神病院7年的补偿。河南漯河市源汇区大刘镇东王村农民徐林东，充当邻居张桂枝一家的诉讼代理人，状告镇政府改小土地使用证宅基地面积。从1997年到2003年，7年时间，徐林东不断向各级部门反映问题，曾三次被拘留，十多次被殴打，其中两次被打断肋骨。

让徐林东始料不及的是，2003年10月30日，大刘镇镇政府强行把他送进了河南驻马店市精神病院，2009年转到了漯河市精神病院。直到2010年4月25日，经媒体披露后，徐林东才从精神病院回到家中。

将"不听话的人"投进精神病院并不少见。2010年，湖北网友彭宝泉和邓某因参与并拍摄上访活动，被十堰警方送进精神病院；2008年，山东新泰农民孙法武因为同样原因被送进精神病院；84岁的退休干部老时被关在精神病院两年多时间里，秘密记录了因上访被关进精神病院的达18人。精神病院为什么会成为拘禁的场所？正常人为何屡屡被关进精神病院？

张小宁：精神病患者入院治疗必须达到的程度，首先，这个人必须是在精神病的发病期；其次，这个人的病严重到对自己的疾病没有认识能力，失去了所谓的自制力。他可能拒绝治疗，拒绝入院，就是公众经常看到的那种武疯子。

武疯子只是精神病病人中的一部分，或者说一小部分，大部分的精神病人不一定涉及这种武力、暴力的倾向。这种人如果要想进医院，应该有一个比较严格的程序。不要轻易把这种方式作为一种非法拘禁，或者限制人身自由的手段。首先家人或者监护人，应该提出住院治疗申请，单位、街道、乡镇等出具证明。有了这些客观的证据和必要的程序之后，然后经门诊医生的检查确诊，再办理正常的住院手续。

叶闪：在这个案例中，我们并没有充分的依据来判断徐林东是不是精神有严重问题，到了非入院治疗不可的程度，但是他恰恰被送进去了。为什么一个正常人会被关进去？似乎精神病院成了看守所、拘留所，变成行政权力的家丁了。这个情况出现是很遗憾的，我们应该看到背后一些更深层次的问题，可能是有某种利益的冲突在里面。

有的时候，上访或是拆迁，这些跟某些政府相关部门对立的事件，往往会出现有人被以精神病的名义给遣送进去的情况。还有一些部门利用一种所谓的民意，就是老百姓对精神病的错误认知，觉得一说精神病，那就是武疯子，就得关起来。这种概念对不对？

张小宁：这个概念是不对的。广义的精神病包括症状轻的和重的，真正成武疯子的只是一小部分，即便是重型病人，其中相当大一部分，也并不会对他人造成攻击行为，给社会造成破坏。国家在这方面的教育普及上，做得还是有点不太够。所以老百姓都有一种误解，一提到精神病，轻的就是登高而歌，弃衣而行，重的就是杀人放火，什么坏事都干。实际上真正的精神病患者，这种是极少数。

对公众来说，有必要更全面客观地了解精神病。精神病是一个非常大的范畴，比如重型精神病，典型的精神分裂症，情感类的包括躁狂症、偏执性精神病、反应性精神病等等。这都属于重型精神病。这些对普通百姓来说能知道多少呢？这些病有什么特点呢？大家其实都不是很了解。

叶闪： 本案例中有个非常致命的问题，一旦被关到精神病院，出去之后还将面临被污名化的问题，这很恐怖。在中国，哪怕得了癌症，别人都不避你，但是你得过精神病，恐怕一辈子都洗不清了。不仅你洗不清，可能家人都"沾光"，兄弟姐妹或子女找对象都可能受影响。送精神病院这招的杀伤力比送拘留所还大。

有些地方对付上访或者投诉没有解决的办法时，就采取一些过激方式，比如拘留，甚至有的客客气气地把你关在一个地方，好吃好喝供着你，但就是不让你出去。送精神病院比这些方式可能会更有效一点，就是从精神病院出来不容易，不像拘留劳教总有一个期限。

张小宁： 要从精神病院出来，情况应该是这样的：作为精神病院本身，经过治疗之后有疗效的评价，如果患者已经好转，自制力和社会适应能力已经恢复，就可以让他出院，应该通知家人或者是相关单位，帮他办理正常的出院手续。不能把精神病人入院治疗变成一种变相的无限期的拘禁，或者说限制人身自由，这样实际上是违法的，也是对公民权利的一种侵犯。

叶闪： 在案例中，徐林东跟当地达成了和解，他拿到30万元的赔偿，这只是民事上的赔偿，与此有关的官员已经被免职，有可能还要承担刑事责任。事件最终盖棺论定，应该让公众看到，造成事实上拘禁的官员，要负什么样的责任，这才是大家期待的。这样才能真正还徐林东"被精神病"一个公道。

女儿被亲生母亲以"精神有病"为由送进了精神病院，这件匪夷所思的事情发生在江苏南通。朱金红1995年毕业于南京大学经贸日语系，之后在南通工作了几年。其间经历了结婚、生子、离婚。2000年4月，她作为日语翻译开始在日本工作，不久与一日本人结婚。在日本生活期间，朱金红陆续在北京、上海、南通买了三套房产，价值数百万元。这几套房产由她母亲打理，每年租金是一笔不小的收入。

2010年3月8日，从日本回国的朱金红被娘家人强行送到南通一家精神病院，而这家精神病院至今没有出示过任何可以证明朱金红有病的有力证据。最大原因可能是朱金红价值600多万元的房产。在入院次日，朱金红的母亲唐美兰就向南通市崇川区法院提起诉讼，要求认定"朱金红无完全民事行为能力"，将其名下所有财产交由她打理，并公开表示"只要女儿把房产交给她，就接她出院"。

一般来讲，大多数人都认为，人们一般不会加害自己的家人，但这个案例恰恰是母亲把女儿送进精神病院。这对精神病院来讲，也很为难。因为中国有一个规矩，就是精神病治疗机构只对送你来的人负责。朱金红曾多次表示自己没有病，为什么得不到医院的认可？对精神疾病患者的接收和治疗需要的依据是什么？

张小宁： 这个案例本质上还是财产的问题，或者是其他利益方面的问题，亲人之间以精神病为借口进行迫害。如果被精神病的人是成年人，她有无精神病，首先，谁有权来决定呢？这恐怕涉及一个民事监护权的问题。

还有，作为医院应该把住关。父母到底对她有没有监护权？对其权益有没有处置的权利？

叶闪： 实际上，不管有没有精神病，医院收治的时候，应当首先看监护权在谁的手里，病人自己到底是不是完全民事责任人。只要是一个完全民事行为能力人，如果患有精神病，父母想重新获得监护权，需要向法院申请，得到法院宣告之后，才能重新取得病人的监护权，然后再把患者送到医院去。

自制力是判断一个人是不是精神病的重要指标之一。但是我们的自制力，往往取决于一些相关的医疗卫生系统，他们会有一个主要的标准，就是你承不承认有病，你吃不吃药？如果你说，我没病我不吃药。好，你就是没有自制力。

张小宁：我觉得自制力应该从另一个层面去理解，说一个人有精神病，没有自制力，但这个人到底有没有病，病的诊断是一个很过硬的指标。诊断究竟是什么病，发病的阶段、病情的程度，到底跟别的病有没有区别，这些国家是有标准的，国际上也是有标准的，不能由着医生随便说。像卫生部要求写病历是属于国际疾病分类标准IICD，现在是第十版IICD，F字头就是对精神病部分的分类。患者符合哪一条的诊断，都有很多具体的标准。中国精神病学分类诊断标准CCMD3，现在实行的是最新的第三版，也有标准。如果患者不符合这两个标准里的任何一条，说他没有自制力，那就是无源之水。

叶闪：还有一个问题也特别令人纠结，就是精神方面的疾病到底有没有化学指标。比如说转氨酶升高，可能肝功能出现问题了；白细胞升高，可能是哪儿有炎症了，等等。现实情况可能是很多医生在判断是否有精神病时，主要听患者家属或者周边人的描述，但这个描述是不是真实有效，无法证明，由医生来诊断，没有一个调查认证的过程。如果认为自己没有病那就是有问题，不配合治疗那就是自制力有问题。在有关部门确定的精神病特征指标里，似乎就有这条，也是被大家议论得非常多的。到底有没有化学指标？

张小宁：自制力实际上就是指自己对自己疾病的认识能力，这是判断病情严重程度的指标，也是治疗效果的指标。如果我是没有病的人，我肯定不会承认我有病，这在医生的眼里就是没有自制力了；我越不承认，就是越没有自制力。那说一个人有病，没有自制力，那么他是哪种病？医院要对病人有一个明确的诊断，这就有标准了。不作出这方面的诊断，只说他没有自制力，那没病的人还是不会认为自己有病的。

精神病跟其他的身体疾病有很大的不同，精神病有一部分是有客观技术指标的，属于器质性的精神障碍。比如说得过脑炎，中过毒，脑子受过损害，或者身体其他问题，内分泌问题等等，这就有客观的指标，可以通过化验、做CT、拍X光等检查确定。但精神病也有比较特殊的方面，就是相当大一部分精神病，目前的医学科学水平并没有成熟的医学技术检查手段，只能依靠对病史的了解，精神状态的检查，还有各种心理测验的检查来判断。但这些手段可能对精神疾病本身没有太大的意义，但也得做，这些做完之后综合起来看，尤其是精神症状的表现，这些方面有很多严格的指标，不符合的，怎么就能确认他是精神病，并且严重到非得入院治疗这种程度了呢？

叶闪：我觉得"被精神病"这种情况发生，倒不是因为检查手段有问题，或者是法律规定有什么样的漏洞，恰恰是有令不行。如果医院能够尽到自己的职责，查查这个人监护权到底在谁的手里，如果医院的医生能够认认真真进行交叉确诊，还能存在"被精神病"这种可能吗？

精神病人诊断的特殊性和相关法律的缺失，加之管理制度上的漏洞，精神病院不仅成为某些地方部门对付上访者的场所，也可能被别有用心者利用，成为"合法"拘禁公民的手段。有关资料表明，目前我国有1600万名重型精神疾病患者，一方面他们可能对社会造成一定的威胁，另一方面他们也因为行为无法约束备受歧视，无法得到更多的关注和关爱，很多人得不到及时治疗，被有关专家称为最悲惨的残疾人。精神病人如果要入院治疗，有两种方式，一种是自愿的方式，一种是非自愿的方式。在西方国家，自愿的方式可能占了比较大的比例；而在中国，反而是非自愿的方式，也就是被强制送到精神病院占了很大的比例。怎样确保医院收治真正的精神病人？怎样才能防止精神病院被利用？

张小宁： 自愿的这一部分，一般来说都是精神病不太严重的，自制力至少还有一部分，或者是全部，真正严重到没有自制力的时候，国外患者也是一样不愿意的。我不认为自己有病，凭什么要看大夫，凭什么把我送进医院，病人也不愿意进去。在这一点上，倒不一定说中国的比例就比外国更高。但我们有的时候走样了，不是为了治病，而是为别的目的。国外还有另外两种强制入院情况：一种是违法肇事之后，经过司法鉴定为精神病，没有刑事责任能力，不能承担刑事责任，但如果放到外面去，他还有肇事的倾向，就进行强制性的医疗监护。还有一种是司法鉴定，对病情比较严重，情况比较复杂的，一次一次当面弄不清楚，必须要送到医院进行相当一段时间的监护，然后进行全面检查，最后诊断，再作出司法鉴定的结论，这也属于强制性的。除这些以外的强制性入院，我觉得就超出了精神病这个范畴了。

一方面是"被精神病"，除了真正有病之外，还有一些被公权力所胁迫进去的，或者说当地一些政府部门的不作为，或者有其他的目的；另一方面，还有一些人可能会主动进精神病院，像交通肇事。比如一个家里有权势的孩子肇事之后，经过司法鉴定患有精神病，那最起码可以在刑事处罚上减轻很多。这种情况能不能破解，精神病入院需要一套什么样的机制？

叶闪： 有人认为如果精神卫生法出台，就能够有效杜绝这种情况。我个人不那么乐观，即便没有精神卫生法出台，一样能够找到对应的法律办理。关键在于有些地方、有些时候、有些人可能为了私利，利用手中的公权力，有法不依。比如徐林东的案例，一方面他作为一个正常人被关进去，他占用了一个公共的医疗资源。但另一方面有好多患者被铁链拴在炕头，却没有得到及时的救治。精神卫生法如果出台，可能会对精神病人的收治和管理部门的具体运作提出规范。法规出台后会有一定的作用，但如果反腐力度没有触及某些层面，这种情况还会发生。

有法律应该总比没有强，现在出台关于精神卫生方面的法律是不是很迫切？

张小宁： 我觉得既有必要，也很迫切。精神卫生方面的法律已经酝酿了二十多年，出台了许多稿，据我所知已经有二三十稿了，但现在还没有正式出台。相信法规出来之后，就能规范一些行为。其实即便没有出台，只要依法办事，也还是可以杜绝或者解决一些问题的，关键是目前存在很多有法不依的现象。

国外这方面有什么可以借鉴的好的经验吗？

张小宁： 英国有《精神健康法》，对强制住院分成两种情况：一种是强制住院观察，限于28天之内；另一种是根据医生的建议，强制住院治疗，住院时间大概在一年之内。强制入院是由医生来决定的，如果当时医生不在，可以由精神病人的福利官来决定。精神病人福利官是一个比较特殊的官员，他是由地方当局正式授权的负责精神病人事务的官员。强制入院要先提出申请，申请人可以是病人的近亲，或者是精神病人的福利官员。当然，官员应该跟病人的亲属协商，然后经两名医生建议。这两名医生一个是有执业资格的医生，还有一个必须是精神科方面有专门经验的医生，这样才可以取得28天强制性的住院。如果情况紧急，执业医生一个人就可以强制让病人住院，但只有72小时的期限。

叶闪：案例中的徐林东受冤枉这么长时间，现在神智还保持清醒，这不能不说是一种庆幸。当一个正常人，被人诬蔑是精神病而被关起来，天长日久，很有可能导致神志不清。

张小宁：一个正常人被关到精神病院，是很悲惨的事情，对人的伤害是多方面的。首先他的人身自由被限制了，造成了精神上的痛苦。另外，进入精神病院后，如果坚持自己没有病，有可能被采取各种治疗措施，如电击、服药、捆绑起来。治疗后果有很大副作用，有可能对人身造成损害。而且长期关在精神病院里，跟精神病人接触，或许真的会出现精神上的问题。

叶闪：从这种层面来说，医生明知道送来的人可能不是精神病，但迫于某种权势的压力，把他关在里面，并且对他采取上述电击之类的措施，这样的医生简直就是共犯。

徐林东也好，朱金红也好，都在人生的道路上经历了很大的波折。但反过来说，近些年来很多家庭把精神病人关到铁笼子里，或用铁链子系在树桩上，或关到小黑屋里，有的病人因长时间捆绑，铁链都长到肉里去了。对待这种需要强制性入院的精神病人，到底是由国家来管，还是由患者的亲属来管？

张小宁：前些年，中央电视台曾经做过一期节目，因一青年患有精神病，家里焊了一个一尺见方的铁笼子，将他关在里面好多年。一般来说，这些家庭都是经济比较贫困，再加上人力有限，病人没法得到合适的救治与照料。我个人认为，强制治疗当然应该由亲属管，但有的家庭确实没有经济能力，应该得到行政的、慈善机构的、民间的等各方面的社会救助。

叶闪：社会的文明程度不只是看这个社会国富民强到什么地步，很多时候是参照一个微观的指标。比如说对这样的弱者，我们关怀到什么地步，给他们提供了多少行之有效的措施。

虽然，我国的强制精神病治疗等法律法规尚不健全，但是患者的自愿治疗权利是必须依法保护的，不能随意予以剥夺。未经法律审判，任何机构和个人不得剥夺公民人身自由，这是现代社会的基本原则。我们不能主观臆断某个人生了病就随意剥夺其自由，即使是"精神病人"也是受法律保护的公民，对其进行强制收治也必须通过法律程序。如果一个"精神病人"并没有危害社会，也没有严重侵犯他人的合法权利，是不必要对其进行强制收治的。一个精神病人作出的错误行动、面临丧失生活能力的困境、精神疾患治疗本身等，都不是强制送精神病院安置的理由，更不用谈因上访等原因被关了。

大学生创业谁最能赚钱？2007年毕业于浙江理工大学的赶考口网络总裁金津，以12亿元的身价跻身胡润大学创业富豪榜榜首，与2006年……《中国大学创业富豪榜》发布的"201……越来越多的80后和9……富豪崭露出水面。101名上榜者，人均财富4950万元

175

第六章
崛起中国的时代镜像

公务员考试火爆,是喜是忧
为何舆论监督频遭公权力打压
安乐死:执行? 缓行?
"钉子户大战拆迁队"

聚焦中国 石述思　工人日报社要闻部主任，资深媒体人
刘　昕　中国人民大学公共管理学院院长助理，教授

公务员考试火爆，是喜是忧

大学生创业谁最能赚钱？2007年毕业于浙江理工大学的渡口网络总裁金津，以12亿元的身价蝉联大学创业富豪榜榜首，与2009年相比，他的财富净增2亿元。2010年12月1日，由中国校友会网和《21世纪人才报》发布的"2010中国大学创业富豪榜"显示，越来越多的80后和90后富豪浮出水面，101名上榜者，人均财富4950万元。

石述思： 首先要为大学生创业成功并且成为新一代的财富英雄鼓掌喝彩。但我必须要提醒大学生们，这只是社会的小概率事件。有数据表明，中国大学生创业远低于炙热的国家公务员考试，创业热情受到很多瓶颈的压抑，中国年轻人有创业欲望的概率大概是2%，而英国是20%。

141万人通过资格审查，90万人参加考试，目标是角逐1.6万人的国家公务员职位。2010年12月5日，中央机关及直属机构2011年度公务员录用考试公共科目笔试，在全国46个城市的3.4万多个考场同步开考。千军万马挤公务员的壮观景象再次上演。近七年来，"国考"的考生人数暴涨了16倍。

最热的职位考录比例达到4961:1，最热门的是海关、国税系统，过千人竞争一个岗位的并不少见。工人、农民也可以考公务员，140余万人的"国考"大军中首次出现了171名一线工人、农民的身影，

报考海关、国税、铁路公安系统的定向招录职位,通过资格审查的报考人数是62人。与2010年相比,2011年度确认参加考试人数出现小幅下降,国家公务员考试录用司负责人认为,随着人们在报考上更加理性,"公务员热"已经出现了降温的苗头。国家公务员考试是否真的降温?百万精英考公务员,是喜是忧?一方面是大学生创业,一年挣了两亿元,另一方面是近百万人参加的公务员考试,大学生就业到底应该选哪条路?

刘昕:我觉得太多的人考公务员,对于一个国家来讲确实不是件好事。从世界各发达国家来看,公务员并不是最受追捧的职业,尽管它本身确实需要很多精英人士,但绝大多数人会选择去企业,去实现个人财富的增长,包括对社会的贡献,可能他们觉得,在企业比在政府能创造更多的价值。

石述思:据说公务员考试2011年有所降温,第一个原因,由于我们经济好转,意味着更多的人有了更多的出路。这个解释比较阳光一点。可能是择业更加理性了,明白自己真的考不上,不再凑热闹了。第二个原因,考生报考之后发现竞争太过激烈,最后选择了放弃。最近一些地方公务员招考当中出现的问题,可能使很多人觉醒了。地方考试就这么大的问题,中央考试即使没问题,概率这么小,还去折腾干什么呢?于是转移了。第三个原因,我觉得是国考热降温的根本原因,报考条件规定中央级、省级直属单位录用的公务员,85%要有基层工作两年的资历。这就限制了国考热过去的一些主力军,应届大学毕业生哪来两年工作经验?在分析了这几个客观因素以后,我认为,不能说公务员热从根本上降温了。

刘昕:我曾在哈佛大学肯尼迪政府学院做过一年访问学者。在一次课堂上,学院院长问同学们,如果得到助学基金赞助的前提是毕业以后必须去政府,他们还会不会来肯尼迪政府学院读书?结果很多人明确表示不会。根据哈佛大学肯尼迪政府学院的统计，85%的学生是不愿去政府工作的。

石述思：其实很多考生考的不是公务员，考的是权，还有由权带来的各种各样的好处，比如可以分房，永远只升不降的工资，可以只进不出的工作，还有让很多人羡慕不已的福利待遇。

刘昕：考试本身涉及一些问题，最大的问题是，公务员是一个很模糊的概念。什么叫公务员？政府公务员当中可能有一些作重大决策的职位，需要高素质的专业训练人员。也有一些在基层做具体工作的职位，工作完全是按部就班的。对于这样一些完全不同类型、层次相差很大的公务员，用同一种考试公平不公平？用来甄选适用于某个职位的考试，考试和职位之间有没有联系？如果没有联系，考试本身可能就是有问题的。现在的公务员考试，不管什么职位，完全用一种标准考试，能不能筛选出这个岗位需要的人才，这本身就是个问题。

"国考"高烧不退，公务员已成为多数人提升价值的首选通道。工作稳定、福利待遇好、有社会地位，这些显而易见的好处，在就业压力越来越大的背景下更具吸引力。但是，一种职业受追捧到畸形的程度，社会有必要对考公务员热进行冷思考。中纪委原副书记刘锡荣在2010年全国"两会"小组审议会上语出惊人，"现在为什么考公务员这么热？博士、硕士，学外语的、学化学的，都在机关里做些收发工作。600万大学生都去考公务员，都吃财政，不创造财富，这意味着社会的倒退。"

公务员到底有什么诱惑？为什么极具青春朝气、素质优秀的精英人群，集体丧失了创业的斗志？

石述思：按照官方的说法，首先对公务员事业有好处。大量的精英人才都愿意PK一个公务员职位，能提高公务员整体的执政素质和能力。米卢有一句话说得特别有道理，"态度决定一切"。比如说去担任国家公职，为人民群众办事，这都没有问题。问题是现在考生们冲着官员所附带的一些东西去的，比如福利待遇、权力等等。

刘昕：很多大学生为什么去参加国考，背后还有一个原因。随着这些年的国进民退，导致大学生找工作时，关系的作用比个人能力的作用显得更重要了。在这种情况下，很多大学生认为，既然找工作的不确定性更大，公务员考试比找工作的公平性可能还大一些，这也是"国考"热的原因之一。

石述思：这种现象是在什么样的背景下发生的呢？是因为社会上升的通道太狭窄了，西方小政府大社会，我们是大政府小社会。中国自古有传统，万般皆下品，唯有读书高，说明我们官本位的思想根深蒂固，这是文化基础。其次是社会基础，我们国家政府占有的社会资源相对比较多，当然从中获得好处也是比较多的。

国外公务员也要考试，像英国也有考试委员会，公务员也要通过选拔确定。为什么国外的公务员考试没有中国这么热？

刘昕：国外的公务员和私营企业，包括公司、其他机构之间的职业通道是相通的；不像我们，一考进公务员的队伍，就一辈子待在这儿了，要想中途进公务员队列很难。所以公务员的队伍一旦进去了就是密封通道，很少有人出来，它的封闭造成了很多人想一股脑儿地扎进去。但国外情况不一样，政府的公务员过一段时间可能跑到企业去干，在企业干一段时间他又想当公务员了，他可以再回到公务员的队伍中。这种流动性反而保证了大家不是一股脑儿地、同一个时间往一块儿扎。

在美国有一种说法，说最聪明的人不当公务员，都去华尔街了，经济危机为什么在美国爆发？就是因为美国的官员没有华尔街的人聪明。

刘昕：这种说法也反证了一个问题，就是不要认为政府的人就是最聪明的。另外，西方的政府官员不像我们的官员这么有权，他们要请别人吃饭，没有预算是请不成的。西方的公务员是受到严格管制的，除了工资以外，没有什么钱。甚至去开会都用自己的车，计一下里程，回来报销油费。除此以外，没有任何其他福利。

石述思：这些都值得我们去反思。如果官和民的距离，通过某种制度去保障或者推进能够得到拉近，可能也就没有这么多人特别热衷于当公务员了。

刘昕：他们之所以会选择考公务员，一定是其他的路不够通畅，或者不是那么光明。如果那条路很光明，有很多机会，又能有很高的收入，那么在这种多元社会的选择之下，没人会一股脑儿扎到公务员考试中去。

对于持续火爆的公务员考试场面，许多人忧心忡忡，甚至有国外媒体称，"公务员热"将成为中国发展的障碍。社会对公务员职位的畸形推崇，导致部分学生以考公务员为第一追求，忽略甚至放弃了专业素质的学习提高。有媒体指出，公务员提供的公共服务本身并不创造社会财富，只能提供一个国家发展的平台；支撑一个国家的发展，必须依靠大量的公司企业，不断提高创新、创造的能力。

那么，公务员热到底会不会阻碍中国的发展？如果大家都去从事公务员的职业，会降低中国的创新能力吗？

刘昕： 确实会有影响。在市场经济国家，真正的创新和价值创造一定是来自企业。政府本身从根源上来讲，不是创造价值的，主要是来维持社会公平与公正，以及通过收入的再次分配，来关照一些弱势群体。如果说过多的人都进入公务员的队伍，或者说真正优秀的人才全部去当公务员了，那么对我们的创新能力确实会是一个损失。

从目前国际经济形势来看，尽管中国成了世界的制造中心，但我们并不赚钱，原因在哪儿呢？原因在于我们在给很多高科技企业打工。从这一点来讲，如果我们不能扶植出更多的创新企业，完全依靠给人家打工的方式去挣钱，是挣不到多少钱的，将来政府的维持方式可能也会受影响。

中国目前，高考算是公平的能够进大学的渠道。同样，从现状来看，公务员考试对大多数人还是相对公平的一个环境，这个怪圈怎么破解呢？

石述思： 我觉得公务员热推出一个公式，就是让人认为"公务员是最好的职位"，这对公务员不公平。政府公务员可能会说，如果我们的垄断央企，如电信、石油公开招聘职位，那肯定要热过公务员。我由衷希望，在国考热以后，希望再出现央企职员招考热，使我们的弱势阶层能获得更多公平博弈的机会。

这个世界上不存在真正意义上的仇富仇官，人们仇的不是官，仇的是不公。要破解这种热，就需要创造一个制度环境，创造一个人人平等的竞争机会，而避免像官二代、富二代、贫二代等倾向性的问题。有关专家说，最好还是通过某种办法创造一个公平的舞台，让所有的人能够通过自己的勤劳，通过自己的能力，通过自己的奋斗去改变命运。现在年轻人流行什么话？很多贫二代子女说：

"不奋斗等死，奋斗找死，那就参加国考吧。"这也为我们敲响了警钟。

能不能想办法从技术层面暂时缓解，或者把负面影响降到最低？

刘昕：没有什么好的办法，更好的办法就是政府去放水养鱼，让更多的中小企业不断成长，让那些垄断企业的势力受到制约，使市场本身具有一种创新的文化和冲动。就像我们刚刚改革开放，刚刚搞市场经济的时候一样，有无数人奋不顾身跳到海里去。现在为什么没了？因为那时候人们看到的是希望，而现在的人看不到希望，所以大家不去创业，其根本原因在于创业的环境比过去更恶劣。

石述思：政府这只有形的手要用来建章立制，做好服务，并且要将自己的权力约束在法制的范畴之内，然后再来推动市场经济法治化进程。我觉得这可能会为更多的人创造一个公平博弈的前提。

刘昕：现在回过头来，老百姓开始问另外一个问题，公务员的工资凭什么定那么高？我们到现在都没有回答这个问题。在很多市场经济国家和地区，这个问题已经解决了，包括欧美等西方发达国家，还有我们的香港地区，它们通过岗位的价值评价，建立公务员岗位和企业岗位的平衡比较机制，公务员工资跟市场去比。市场涨，你跟着涨；市场降，你也得降。所以，日本、新加坡等地在经济危机期间，公务员工资会有10%的下降，但我国从来没有出现过这样的情况。

"国考"热透露出高校毕业生的职业困境，"国考"热暴露出的年轻人职业偏向与高等教育的结构性矛盾相关。高等教育因学校办学模式、教育水平以及学生心理习惯等原因，效益明显不足，缺乏主动创新动力。另一方面，社会文化、经济结构、客观条件等都在不同程度上制约着大学生创业。

倡导先进的公务员文化,建立健康的公职文化,加强公务员队伍软文化建设。到基层去,到最需要的地方去,应该成为年轻公务员的职业时尚,成为青年主旋律的一部分。完善培养、吸引、使用、评价、激励机制,完善分级分类考核评价体系,强化考核结果的运用,应该成为公务员队伍健康成长的必要之举。影响前置,也将会更加深刻地左右"国考"方向。

展 江　北京外国语大学新闻传播系教授
刘仁文　中国社会科学院刑法研究室主任，研究员

为何舆论监督频遭公权力打压

自2010年6月5日开始，《经济观察报》记者仇子明连续发表了《凯恩股份"偷天换日"谜团》《凯恩股份再调查》《隐瞒的关联交易》等几篇文章，指出凯恩股份侵吞国有资产，进行关联交易。此后，凯恩集团向其所在地浙江省丽水市遂昌县公安局报案。公安局立案后认定仇子明涉嫌损害商业信誉罪，并于7月23日对仇子明作出刑事拘留决定，并在网上通缉。7月28日，《经济观察报》正式发表声明，对这一事件表示强烈谴责，并且指出，当地公安机关作为掌握公权力的机构，应该审慎合法使用公权力，维护公民权益。7月29日，丽水市公安局经过调查，认定遂昌县公安局的决定不符合法定条件，责令其立即撤销对仇子明的刑事拘留决定。对凯恩集团被控告的问题，公安机关将严格依法进行调查。

假设记者仇子明写的报道对于上市公司明显是诬蔑，公安局有没有权力通缉这个记者？

展江：根据现有法律，警方是有这个权力的。但根据国际惯例，一般都主张对言论自由和新闻出版自由给予特别的保护。所以在现代法治国家，无论是大陆法系国家，还是英美这样的普通法系国家，如果有记者因为他的职务行为被通缉，一定会引起轩然大波。

刘仁文：我认为这要一分为二地看。按照现有刑法的条款，如果故意捏造事实，损害别人的商业信誉，构成刑法犯罪的，公安机

关可以采取措施。

当受害人或者受害单位认为权益受到了侵犯，觉得对方构成了犯罪，可以向公权力部门，向公安机关报案。公安机关是一个办案机关，受害人或者受害单位来报案，肯定要受理并且作出调查，给受害人或者受害单位一个满意的答复。从逻辑上、法律上来说，这都没有问题。公安机关应当积极受理举报和报案，依照法律规定的程序去作进一步的调查核实，然后依法处理。现在的问题在于，这样的案子要不要采取拘留的决定。

展江：我认为在仇子明问题上，出现了一系列的法律困境。困境之一，中国媒体记者的法律地位，包括现在的舆论监督，在法律上如何认定，实际上还是空白。现在记者的法定权利、媒体的法定权利实际是不存在的。我们作为一个成文法国家，本来是应该制定《新闻法》或者《大众传媒法》的，但由于种种原因，我们现在在许多重要的领域都有专门的立法，但媒体领域是例外，这在一定程度上造成了现在的状况。而在普通法国家，如美国，通过宪法第一修正案以及各种各样的现代诽谤法，有效保护了公民和记者。美国不存在刑事诽谤，只有民事，所有问题，哪怕是天价的索赔都是可以的，只要提出主张都没问题。其次还规定，政府没有名誉权，而且还通过公共人物等原则，限定了公权力等社会中的强势集团对记者和公民诽谤的诉讼。在这些方面，美国提供了参照。但在其他国家，比如说在英国，虽然英国类似于普通法国家，但在刑法中依然有刑事诽谤条款，不过已经有六十年不使用了，基本上是存而不用。

现代社会，保护言论自由，首先要尽量避免因言获罪，除非像鼓吹纳粹的言论、鼓吹恐怖活动的言论等，应该受到限制以外，其他言论应该不予深究。在这种情况下，一旦有媒体人或公民因为言论或新闻出版受到了刑事判决，或者说涉及限制人身自由的法律规定，都会引起强烈的反应。从司法实践和社会舆论来看，大家已经形成了一种习惯。但目前中国关于新闻的法律供给严重不足，只有一个《新闻记者证管理办法》，这是第一个困境。

第二个困境是，现有的法律中，包括《刑法》《治安管理处罚法》中，确实还存在着一些薄弱环节，这些薄弱之处就容易造成因言获罪的产生。比如说针对自然人，有诬告罪、侮辱罪、诽谤罪；针对企业法人，有损害商品信誉罪和损害商品声誉罪。《治安管理处罚法》还有所谓的散布谣言、扰乱社会治安等规定。最近几年，现实中动用公权力惩戒公民，比如因为手机短信、发帖，涉及造谣、诽谤、诬告等等，这样的案例也时有发生。

2010年7月31日，每日经济新闻报社遭到几名青年男子的攻击，其中一名记者被打，打人者自称是霸王集团的工作人员。据称，《每日经济新闻》当时作过霸王洗发水的负面报道。而在2008年6月4日，大同市太阳宫煤矿连续发生多起死亡事故，多家媒体的记者在采访时，遭到矿上保安的殴打，三四辆车被砸，十多名记者被打。也是在2008年，《法制日报》下属的《法人》杂志发表的一篇文章，涉及铁岭市西丰县县委书记，西丰县公安局以涉嫌诽谤罪为由，对记者朱维娜进行立案调查。2009年1月4日，西丰公安局民警赶到北京，对朱维娜进行拘留。从打记者到进京抓记者，再到网上通缉记者，记者面对的不仅有暴力，还有公权力。那么记者到底惹了谁，类似的事件为什么会屡次出现呢？

就在丽水市公安局撤销对仇子明刑事拘留决定的第二天，《证券日报》某副总编辑发博文称，仇子明没有合法的新闻记者身份，并且提出质疑，仇子明的几篇报道本身是否客观真实，报社及其个人有没有滥用媒体的监督权。而不少网友则认为，《证券日报》某副总编辑只拿记者证说事儿，却无视仇子明披露凯恩股份的重大社会意义，是在为凯恩股份开脱。如果没有记者证，仇子明能不能进行新闻采访活动？记者和非记者这个边界真的有那么清楚吗？如果我们立法要保护记者，那么在互联网时代，非记者们的自由言论权能得到保护吗？

展江： 对此，国际上有两种不同的思路，比如美国的法律界从来不认为记者有特权。美国19世纪末就有一个判例，确立了记者必须在有陪审团参加的刑案中配合作证。如果拒绝，特别是拒绝提供相关的新闻线索和当事人的情况，就会被判藐视法庭罪。至今，美国记者坐牢的唯一可能就是因此产生的藐视法庭罪。在美国平均是十年左右发生一起，虽然也会引起轩然大波，但法院坚持认为记者不应该有特权。

在大陆法国家，是通过专门的媒体和新闻立法，规定了记者的一些权利，比一般公民的权利更多一些。所以在当前，有人以没有记者证为由对此提出质疑，而且是媒体的高层管理人员提出的，我认为很令人费解。在互联网时代，有一个新的概念叫公民记者，只要从事的是公众感兴趣，包含公共利益事件的传播，就被视为是记者。反过来，有一些人虽然有记者证，但是干的不是记者的事儿，敲诈勒索、勾结腐败、歌功颂德等等，我认为这本身就不仅仅是荒唐了。

仇子明带来的法律困境之一是，《新闻记者证管理办法》规定了记者的一些基本权益，但它不是正式的法律，虽然被一些专家称为"微型新闻法"，但还有很大的局限性。所谓"微型"是说法律效力较低，它只是一个部门的规章。其次，还有一个先决条件，就是首先要有记者证。记者证的问题引发过一系列的争论，比如按照国际惯例，记者证由媒体内部发放。当然在目前情况下，媒体滥发记者证的可能也是存在的，必须加以监管。但由公权力部门来发放记者证，第一，不及时；第二，可能还有其他一些原因，有些人不能得到证件；第三，可能还引起一些其他纠纷。

在媒体内部，一方面告诉全国观众，接受媒体采访，一定要三证合一，要有记者证、采访证、采访介绍信。可另一方面几乎从不给记者发这些东西，就是自己的左右手互搏，制度上很不健全。

《记者证管理办法》保护的是有记者证的记者，那些新入职的记者，甚至中央新闻单位也有很多没有记者证的记者，包括资深的和刚入行的。再加上公民记者也不在保护之列，所以我觉得这和社会的发展是不合拍的。

刘仁文： 仇子明这个案例中，采访不合法或者是没有记者证，从刑法的角度，肯定不能构成治罪的理由。所谓"损害商业信誉罪"，一定看事实本身，有没有故意去捏造，然后去传播虚假的事实，故意要把对方整垮。如果确系捏造，必然会受到法律的惩罚；如果事实本身存在，且不符合法律，不是记者故意捏造、散布虚假事实，而是一种职业行为，哪怕采写过程存在一些疏漏，都不能把记者作为犯罪来处理。这是两个法律关系，必须要分开。公权力首先不能滥用，能不用最好就不用，尤其在限制人身自由方面，一定要慎用。

但公权力也不能走向另一个极端，对被害人、被害单位不闻不问。所以现在关键的问题是，作为公权力部门，要积极地回应民意的诉求，但必须经过调查研究，给出准确的答复。

在这个案子中，公安机关在通缉记者仇子明一事上，可以说滥用了公权力。公安机关并没有慎重准确地去核实仇子明是不是有犯罪的嫌疑，这恐怕也是饱受指责的最大原因。针对事件本身进行调查取证，如果真的构成犯罪，就按法律来处理；如果不构成犯罪，需要给涉案双方一个说法。

仇子明事件有其特殊性，首先名誉受损的是企业，假设不是企业，而是政府部门，或者是领导本人，又或者针对的是一个比县级更高级别的，比如说是省部级的官员，那事件还会发展成今天这样吗？

展江：这可能有两种发展方向，一个方向是，根本不走法律途径，直接通过内部运作的方式惩罚当事人。我觉得涉及公权力的时候，媒体记者遇到过这样的局面。比如说辽宁西丰为什么派警察到北京来抓人？因为是在辖区之外，才通过警方的跨地抓捕权来实现。

另一个是想通过法律途径解决问题。本来这应该是正当合法的，但现在存在两个困境：一是关于新闻的立法不存在，另一是因言获罪的法律还普遍存在。这两个困境告诉我们，仇子明现象以后可能还会发生。而且除了仇子明这样的记者以外，更危险的是公民记者，特别是通过互联网和手机发帖的公民。所以我觉得要解决类似问题，应该在司法和立法方面作全面的改革。首先要考虑起草《新闻法》，其次现在因言获罪的法律条文、法律规定是不是考虑修改，甚至取消。在司法实践中，我们能不能从以警方抓捕为中心，逐渐过渡到以法院审判为中心，从执法为中心到司法为中心的转变。我想真正法治社会的建设，可能要经历这样一些阶段。

刘仁文：选择性执法或者报复性执法，不是一个健康的法治社会所应有的局面。法治的精神，说到底，最本质的是公正。可是在一些领域，法治恰恰成为被某些人利用来整人或者报复的工具，这是走向法治的反面了。法治本身是维护公平公正的武器，最后变成报复的手段，这不是法治社会应当出现的现象。或许这是一个契机，让我们重新审视现有法律制度中，存在哪些明显缺陷，怎样加以改变。

我们知道，社会生态链由各社会结构组成，数量比例相对合理搭配，彼此相互协调，各司其职，各尽其能，如此良性循环，形成社会生态平衡、社会稳定、百姓安康。另一方面，社会也需要代表正义的非物质形态的社会价值观的确立。不少评论者认为，记者不断被打压，是因为社会对记者的保护不够，中国缺少保障记者的有关法律等等。但事实上，如果社会缺少的是社会生态赖以平衡的非物质环境，执法违法，正义缺失，连基本的是非都会被扭曲，有法律也无用。屡屡有"通缉记者"案件发生，总是看到中国社会生态遭毁，"网络通缉记者"案提醒我们，应该反思中国社会正义的维护。

聚焦中国 FOCUS ON CHINA

李　楯　中国人民大学法律社会学研究所所长
　　　　清华大学公共管理学院社会政策研究所执行所长
王志安　中央电视台评论员

安乐死：执行？缓行？

2009年2月9日，文裕章在妻子胡菁昏迷不醒，有心跳血压，只能靠呼吸机维持的情况下，将胡菁身上的呼吸管等医疗设备拔掉，并阻止医生护士的抢救，说不想救了，病人太痛苦了。当日下午胡菁死亡。其后，胡菁的家属将文裕章告上法院。12月9日，法院判决认定文裕章"故意杀人罪"罪名成立，判处其有期徒刑3年，缓刑3年。判决同时认定，文裕章是"为爱"拔管。此判决引发各方争议。有人认为判决太轻，也有人认为判决合乎情理，体现了人文关怀，甚至有人认为这是一个狡猾的判决。我们到底该怎么解释这个判决呢？

李楯： 不能说这是一个狡猾的判决。因为这最起码体现了法官的一种态度，就是停止治疗是出于爱，不忍心让妻子再受病痛的折磨。因为我国现在没有安乐死的制度，从法律上说，这种行为确实是故意让人死亡，所以法官要给出有罪判决；而实际上他又是为了让死者避免不必要的痛苦采取的措施，所以法院判处其有期徒刑3年，缓刑3年。

这是一种很特殊的情况，法官为什么作出这种判决？在中国故意杀人罪是可以判死刑的。但这次判得这么轻，足以说明这个问题本身值得我们思考。我们怎么对待死亡？怎么对待安乐死？亲人在已经救治无效的情况下，我们要不要停止救治？

这一判决是不是说明，法律在针对这种案子的时候其实已经失效了？

李楯： 我觉得不能这么说。首先法律，尤其是刑法，对于故意杀人的制裁出于什么？他有主观恶性，就是主动干了一件坏事。但是当自己的亲人救治已经没有效果了，继续救治只是徒然增加病人的痛苦，这时停止救治能认为是一种恶意吗？

死者母亲的不接受完全可以理解。从两方面讲，一是本人有没有权利处理自己的死亡问题，这一直有争议。因为我们每个人来到这个世上，自己做不了主，我们要离开这个世界的时候，自己能不能做主？有宗教信仰的人认为不行，生命是上帝赐予的，必须自然死亡。也有很多人认为，应该积极地争取活下去而不应该死亡。但考虑到死亡到最后可能是非常痛苦的，比如有的癌症患者，死亡就非常痛苦。我们能不能让一个人在活着的时候有高质量的生存，最后结束的时候是快乐的。这就是摆在我们面前的一个大难题，就是是否接受安乐死。

这个判决是不是一个合理的判决呢？

王志安： 我个人觉得，现在很多人之所以谴责丈夫也不是一点道理没有。他从发病到拔管就一周的时间，如果最终确定妻子是脑死亡了，不是7天而是70天，或者700天，那么人们的情感可能会不同。如果妻子已经昏迷几年了，所有的救治手段都已经用了，还是没有苏醒的希望，一般人的理性是能理解的。但个案中的丈夫显得太迫不及待了，他显然不是因为缺钱然后放弃治疗，那是什么？这难免会引起别人的怀疑：丈夫是不是有其他不良动机？很多人其实是基于这样一种心理判断。

文裕章的做法确实有不妥之处，他并没有跟妻子的母亲或妻子的娘家人达成一个家庭的共识。

王志安： 家庭共识特别重要。前段时间，我朋友的姐姐走路时摔倒，导致髋骨骨折，然后病情就一发不可收拾。在山西太原做了一个小手术之后就陷入了昏迷和休克。送到北京协和医院，在ICU病房治疗，反复休克，医生一直在找原因，采用了很多方法，始终找不到。ICU病房每天一万五到两万元钱的治疗费用，病人浑身插满了管子，每天要靠注射吗啡才可以让她相对安静下来。但注射吗啡之后她就深睡，不能跟人交流。

在这个过程中，他和他的姐夫每天面对的就是可不可以放弃的问题。因为只要把管子拔掉，病人很快就会去世，这是一个非常纠结的问题。他们没有放弃，但他的姐姐最后还是去世了。

李楯： 这里有很多很复杂的问题。放弃还是不放弃，由于什么原因，是不是因为没钱治而放弃，这和安乐死之间还是有距离的。在法律上，安乐死要本人同意，在清醒状态下，知道身患不治之症。这个案例中，病人已经丧失行为能力，严格讲是不能实施安乐死的。谁都没有权力决定一个人应不应该死亡，这是第一个问题。第二个问题，别人可不可以停止治疗，甚至可不可以采取更积极的办法帮助死亡。

安乐死分积极的和消极的两种。前者是采取药物来很快地结束生命，主要目的是一个人要有尊严地活着，减少痛苦。后者就是停止治疗。停止治疗涉及的问题很复杂，包括家属能不能取得一致意见。有时候还要给家属排一个次序，夫妻、父母、子女。如果这些人还达不成一致意见，这确实是个难题。还有，医生给出的诊断是什么？是不是这个病人已经无法治疗了，这也很关键。

当一个人已经治疗无望，而且治疗还不断带来痛苦的时候，有一部分人认为结束治疗最起码是明智的选择。但在多元、民主、法治的社会，必须考虑大家的不同意见。这时候可能会有两种观点，一种认为，必须要自然死亡；另一种认为，要减轻痛苦，可以选择死亡，可以选择安乐死。我们要考虑到如果制度上遵从了前一种人，而想采取措施死亡的人就永远处于一个违法的状态。如果一定程度上认可安乐死，那么想采取安乐死的人能够达到自己的愿望，减轻自己的痛苦。很多人很难体会到一些人到了完全没有治疗希望，同时痛苦得难以忍受的状态下，是一种怎样的复杂心情。而恰恰是在这种情况下，如果承认安乐死合法，那些不主张安乐死的人仍然可以按照自己的想法走到自然死亡。我倾向于社会应该容忍安乐死，尽管在立法上主张需要非常谨慎的态度，甚至立法过程可能是非常漫长的。

一个人如果已经治疗无望，他选择更快地结束自己的生命，这应是属于自杀行为吧？与安乐死无关，安乐死的定义特指是在获得他人帮助下实现的。

李楯： 在法律上的安乐死制度设置要本人同意，而且要在本人头脑非常清醒的时候。人到了生命最后的时候，第一，他可能没有能力结束自己的生命。第二，一般的自杀方式也是一个很痛苦的过程。而安乐死能够在非常短的时间，在本人几乎没有什么感觉的情况下结束生命。这种情况如果社会不提供一定帮助的话，本人是很难做到的。

源于希腊文的安乐死，原意是"快乐的死亡"或"尊严的死亡"。从上世纪30年代以来，关于"安乐死是否应该合法化"的争论，在全世界就从来没有停止过。到目前为止，也只有荷兰、比利时等少数几个国家，在国家法律上完全承认了安乐死的合法化。最近在中国关于安乐死的争论有一个变化，原来可能很多人只是出于宗教、伦理的理由反对安乐死。但现在出来一个新的声音，说安乐死可能会让人钻空子，造成一些谋杀等等。所以，这也是很多人认为安乐死立法一定要谨慎的原因。

李楯： 其实这个问题一直存在，我觉得这倒不是安乐死立法要谨慎的问题。任何法律都会有人钻空子，刑法中这么多罪名，民事法律，还有行政法、证券金融法，很多法律运作方面都会有人钻空子。只要立了规矩，就可能会有人钻空子。安乐死的问题在立法上需更加谨慎，是考虑到我们对死亡的认知判断。人类目前对自身的理解、对生命的了解的确是很有限。有时候确定一种病能不能治，在医学上是很难的。如果立法确立了安乐死，不只是个人的自我选择，还需要医生出具诊断证明。医生就面临一个极大的难题。医生来提供完全无法治疗的依据，而且不仅是医生本人完全没有办法，是整个医学界都没有办法了。但有些情况事后可能会抢救过来，这就是一种两难的境地。

这种确认的确非常难，要想证明用所有的手段都救不了病人，非常困难。现在已经有一些例子，医生已经宣告了植物人不可能再苏醒，但最后病人又重新苏醒了。所以，我们对人体的认知水平还很低。过去认为无法治愈的疾病，有的时候可能没经过治疗就好了。人的理性是有限度的，谁能百分之百地判一个人生死呢？人在疾病期非常痛苦，这是可以想象的，但也不能低估现代医学发展的水平。即便不能治愈，也有很多方式可以让病人身体上的痛苦程度降到很低。

伦理学的困境在于，我们的很多行为不是在就事论事，而是在推广价值上具有一致性。比如说积极性的安乐死，其实如果要推而广之，跟故意杀人是非常像的。在死刑没有废除的情况下，在一个人没有受到法院的裁决被判死刑的时候，另外一个人实施积极性的安乐死，从某种角度来讲就面临伦理困境和冲突。让医生去实施吗？医生是救死扶伤的，会面临职业伦理冲突。因为整个医生的职业伦理都是救死扶伤，不能帮助他人去死亡。这就相当于现在有的地方实行注射死刑，医生有权拒绝参与，因为这违背医生的职业伦理。

表面上看对一个人实施安乐死是人道的，也符合他的意愿。但如果作为一项社会立法存在的时候，就要考虑整个行为的外部性，那会导致很多医生面临内心的冲突。

同时，也要考虑一个问题，时代在变，人们能不能决定自己的事，能不能作出自己的选择？如果病人认为活着非常痛苦，而且自己想要做的事情已经都做完了，这个时候有没有权利决定结束自己的生命？

王志安： 安乐死的问题推而广之就是社会对自杀的态度。按理说，一个人想结束自己的生命是他的权利，并没有干扰其他人，也没有妨碍其他人，但是全社会都谴责这种行为。在西方的社会文化传统中，认为自杀实际上是有罪的。

李楯： 如果仅局限于自杀的问题上，安乐死会有更多的人支持。但我认为立法上要慎重，不仅仅是出于立法的技术问题，比如有没有人钻空子，也不仅仅是立法牵扯的医疗技术问题，而是究竟如何判断。采取安乐死的方法是痛苦非常少，还是痛苦比较大？或者，如何采取药物？这不仅仅是技术问题，而是一种伦理问题。涉及伦理的问题，当社会有不同主张的时候，立法一定要谨慎，一定要经过长时间的论证辩驳。

"我爱生命,但我不愿活。"一位名叫李燕的28岁女孩希望通过全国"两会"代表帮她提交一份《安乐死申请》,她把这个愿望发到了央视《新闻调查》主持人柴静的博客里。身患重病27年的李燕,全身肌肉萎缩,完全丧失自理能力。她恐惧痛苦而没有尊严地死去,她关于安乐死立法的提议点燃了新一轮有关安乐死合法化的讨论。

王志安:李燕表哥的去世给她的心灵留下了非常大的阴影。她表哥也是生病在床但没有人照管,每天就给他两个馒头,放一碗凉水,大小便都没有人清理,最后就在那种糟糕的环境中绝望地离开了人世。这个场景给李燕留下了极其深刻的印象,她担心有一天自己也会变成这样。李燕的问题是如何使病人提高自己的生活质量,并不是安乐死的问题。她不是末期病人,要是维持下去还可以活很多年。如果这些人都可以选择立法允许就离开人世,其实是社会的不负责任。目前社会支持系统还不完善,使得原本一些可以对生活充满信心的人,放弃了信心。陕西曾经有7个血液透析的患者给市长写信要求安乐死,因为他们没有钱血透了。这种情况下,我们能不能同意他们安乐死呢?肯定不能,这样的案例在生活中与安乐死根本不相关。

李楯:目前,社会缺少很多保障系统,包括最基本的社会保障,比如对贫困者、生活不能自理的残疾人的照料。基于这种情况,选择安乐死,确实不是同一个概念,但不能说他们不可以提出安乐死,因为他们对未来的痛苦有一种预期。我之所以赞成安乐死,不是从理论上、法律上、伦理上考虑,而恰恰是为了尊重他人,尊重他人自主选择的权利。当然,这种选择权的前提是疾病无法救治,就是必定要死的人而且死前痛苦是非常大的,他在作出决定的时候,头脑是非常清楚的。

我们要尊重他人的自主选择,但另一方面我们也希望选择是负责任的、谨慎的。不管怎么说，我们应该爱惜生命，敬畏生命。

孔子曾经讲过，"未知生安知死"。这句话倒过来读的时候更有意味，就是未知死焉知生。讨论安乐死的核心问题，是我们如何理解生命本身的价值。讨论或许没有答案，但是它会帮助我们充分理解如何更好地活着。

聚焦中国
FOCUS ON CHINA

王锡锌　北京大学法学院宪法行政法研究中心副主任，教授
王志安　中央电视台评论员

"钉子户大战拆迁队"

拆迁队来了，丁家的男女老少都开始行动。丁家人人有专长，丁老爸甩燃烧瓶，丁老妈丢拖鞋，丁老爷子开枪，丁自酷掷哑铃，丁小小射弹弓，丁小妹扔爆竹……在他们的努力下，拆迁队被打败了。这是现实吗？不，这只是一场游戏。这款名为《钉子户大战拆迁队》的策略类小游戏在2010年一经推出，迅速红爆网络，被网友们热捧。

这不能不说是中国式的黑色幽默，在暴力拆迁越来越成为人们关注的话题的情况下，此类游戏的出现无疑暗合了人们的心理，触动了市场兴奋点，也反映出如今拆迁工作的病灶所在。

王锡锌：游戏其实只是一种结构，当下真实世界中有很多值得关注的现象，可能暂时没有办法解决，把它变成一种虚拟的游戏场景，很多人就可以参与。最重要的一点，可以宣泄某种情绪。游戏的过程虽然是虚拟的，但有一点是真实的，就是内心某种被压抑的情绪可以释放出来，这也是一种心理宣泄的途径。

王志安：我觉得这款游戏是游戏中不多见的现实主义题材作品，一般的游戏很少有现实主义题材，《仙剑奇侠传》《星际争霸》《魔兽世界》等网络游戏满足了我们对虚拟世界的需要。这款网络游戏绝对是超现实主义作品，游戏的界面设计里写了一个大大的画了圈的"拆"字，这个场景在生活中经常能够见到。拆迁队用

的那些工具，如锹、推土机、电钻，也是现实中常用的。钉子户用的燃烧瓶、弹弓、拖鞋、土炮和土枪等，也都有现实的版本。如果讲的是宇宙拆迁的故事，大家肯定不感兴趣。我们在游戏里看到了太多的现实符号，鲜活逼真，带有时代的痕迹。

一个严肃的社会话题一旦被游戏化之后，其中的是与非、善与恶的分野就一清二楚。这款游戏对类似的拆迁纠纷，是否会产生误导嫌疑？

王锡锌：我们平时讲要依法维权，但现实中，当双方都讲法的时候，沟通其实并不是很有效率。在有的问题上，很多时候真正的有效沟通对话和协商很难。反映到游戏中，就把它简单化了，提炼出一个解决方法，就是双方最后都靠暴力解决。而且谁的暴力狠谁赢，最后实际上是变成了"丛林法则"。为什么我们会不自觉地加入到钉子户这一方，因为我们的内心往往觉得钉子户是比较弱小的。这款游戏流行的背后，的确是有这样一个核心的关注点。

记得有个作家曾说过一句话："在鸡蛋和石头之间选择，我永远选择鸡蛋。"这种同情弱者的心态，在这款游戏中得以充分展现。

2010年9月10日，江西宜黄县主管城建的副县长亲自指挥近两百人强拆，钟家三人当场自焚，被烧成重伤。其后，上访的钟家姐妹遭县委书记率44名官员围堵于女厕所。宜黄事件最后以多名地方官员受处分告终，但这能为暴力强拆画上句号吗？

王志安：我个人并不乐观。在强拆的问题上，既有对物权保护不当的法律背景，同时还有一个可能被忽略的重要原因，就是目前的行政执法水平低下。即使拆迁是合法合规的，甚至是合乎正义的，但也不能轻易付出生命的代价。

王锡锌：我个人觉得，在水平低和技术低的原因背后，可能还有一个更深层的原因：一些地方官员执法的时候，在观念上根本就没有把人最重要的价值——生命价值的保护和尊重放在首位。宜黄拆迁事件当事人当时身上已经浇了汽油，接下来极有可能发生的一幕就是点燃了。但应急的预案在哪里？既没有消防，也没有其他紧急的措施来制止。这不需要高科技，不需要多少经费，不需要多大能力，不需要多高水平；只需要想到百姓也是需要尊重的人，即便是合理合法拆他的房子。

王志安：事情曝光之后，就已经不仅是关于拆迁的话题了，变成了普通公民的生命跟政府执法之间的博弈。但如果换一个角度去思考，假如这件事情没有被任何媒体报道会怎么样？那些拆迁户的生命还会得到尊重吗？假如现场没有人用手机拍下当时的情景，假如钟家姐妹不会用微博来发动那么大的民意，可能这件事情得到的社会关注度就会很低。

在《钉子户大战拆迁队》的游戏中，并没有"意见交换"，也没有"谈判桌"，有的只是你死我亡和鱼死网破；并没有"和谐双赢"，只剩"丛林法则"，胜者王败者寇。而在现实中，情况复杂得多，更多的交易和妥协、策略和算计，但这一切仍然无法阻止"你有推土机，我有汽油瓶"的悲剧发生。那么，拆迁注定是场大战吗？双方都高举法律的大旗，为什么却偏偏爆发了这样一场血腥冲突？是不是我们国家现行法律制度的安排出了某种问题？

王锡锌：民主和法制，其实都是人类社会发明的一种解决纠纷的机制，以防止极端血腥的暴力场面出现。《宪法》和《物权法》都有讲财产权，民众如果用法律维权比较有效，那么像游戏里看到的拖鞋、燃烧瓶、土炮，甚至现实事件中点燃自己的身体，这些都没有必要。

同样的道理，拆迁队一方也是依法来进行的，但当两个法律碰到一起的时候，都无法用法的语言来对话。在人打架的背后，其实是法在打架。比如《城市房屋拆迁管理条例》，今天看起来，的确是滞后了。因为它与新的《物权法》和《宪法》中保护私有财产权的规定，正好是相矛盾的。大家各自拿法来说话，双方都有自己的说法，那么继续对话就很困难了。很多的拆迁，最后剩下的就是暴力。

在拆迁暴力的场景背后，还存在着另外一幅场景很少被媒体报道。比如像在北京这样的首善之区，农民的房屋被拆了，可能瞬间就成为百万甚至千万富翁。据说一个郊区的养猪大户，因为几次拆迁成为亿万富翁，而且现在他的地方已经拆不起了。这也是另一层面的博弈，或许政府认为我惹不起你，害怕再出现自焚的惨剧，不能强拆，那么就换一种方式，这种现象是否合理呢？

王锡锌：我们的确经常看到有媒体报道，一些钉子户最后成了百万富翁或千万富翁，应该说不能完全排除这种情形。如果对弱者动用暴力，以强凌弱拆你没商量，而对那些真正的蛮横或者是漫天要价的人却妥协，这种妥协实质上是另外一种权力滥用。所以首先要看因拆迁而致富甚至是暴富的人，到底是什么原因。如果的确是应得的，尽管他获得了很多补偿，在让个人获得补偿的同时，公共利益获得了更大的收益，这种补偿在法律上是可以成立的。拆迁虽然拆的是房子，但可能包括了土地。土地的确有一个非常尴尬的现实，就是在不同的城市，甚至同一个城市的不同区域，地价是不一样的。只是我们用不同的标准去比较的时候，发现有的人拆了同样的地方补得很少，而另一个人突然因为拆迁成为百万富翁，关注这些问题的核心是要看它有没有依据，是不是符合相对公平的原则。

拆迁补偿标准的设定有没有依据，能不能严格按标准给所有拆迁户一视同仁的补偿，我觉得这应该是在考虑拆迁极端个案时需要引起重视的。

王志安：为什么一般人对拆迁户拿了很多补偿会觉得心里不平衡呢？关键是认为他们没作什么贡献。这是在经济学里经常争论的话题，分配到底是按照产权来分，还是按贡献来分。如果坚持认为按产权分，比按贡献分更可操作、更有效，那么即便一个人拆成了亿万富翁我们也得接受。那么是否存在真正的钉子户呢？我认为是有的，有人确实漫天要价，也拿到了超乎一般人的补偿数额。《南方周末》曾报道在京沪高铁修建过程中的一个典型案例，钉子户坚决不拆，还买通高铁办事人员虚高报价，最终给他补偿了5000多万元，但法庭最后认定只补偿800多万元。第二个原因是维稳，政府考虑问题，不仅仅从经济方面思考。如果现在让宜黄的县长、县委书记回过头来再面对当时的场面，即使再多给钟家300万元甚至600万元，他们也不希望出现这种自焚事件。

王锡锌：那些漫天要价的钉子户，我觉得不外乎两种情况，一种是和公权力有勾结；还有一种是政府为了怕引发意外事端，干脆就用人民币来解决。但第二种情况可能会导致一种连锁反应，可能拆迁区域99%的人都走了，只剩下一户，政府认为反正就一户，给个高价算了，这对此前的人不公平。这样解决以后，那99%的人马上会认为，原来响应号召，反受损失，所以以后再不听政府的了。政府花钱买了稳定，解决了眼下的问题，但却给以后埋下了更不稳定的隐患。当有法律依据需要强拆的时候，是真可以强拆的，而且必须强拆。

强拆这样一种强制权，本身并不是恶的，很多关于拆迁问题的讨论，从来没有说强拆本身就是恶的。现在恶性强拆最明显的特点就是野蛮拆迁、暴力拆迁，还有一些地方发明的株连式拆迁。曾有媒体报道，北京怀柔一块土地要征地拆迁了。当地对拆迁户的亲属都有一个非常详尽的名单，名单中哪些是在国家机关工作的，要找他来做工作，其本质就是株连。

政府强调"稳定压倒一切"、"发展是硬道理"，很容易导致百姓在谈判时没有讨价还价的能力。

《钉子户大战拆迁队》游戏中，钉子户虽然能不断取得阶段性胜利，但更多的时候只能如此。玩家介绍说，这不仅仅是因为拥向房屋的暴徒实在太多了，而且游戏还设定了钉子户不可能取胜的终局。

这是游戏还是现实呢？当源源不绝的拆迁队前仆后继，胜利的天平已经逆转。而在现实社会，人们试图通过不断改变游戏规则使弱者获得更多支持，《物权法》就曾经被视为这样的稻草，而拟订中的《新拆迁条例》也被寄予种种期望。

王锡锌：《物权法》在2007年颁布之后，很多人都觉得《物权法》应该是真正保障私有财产权很重要的法律制度，遗憾的是，至少从房屋拆迁领域来看，并没有这方面的细则。《物权法》在很多时候并没有真正发挥作用。在很多拆迁过程中，我们看到媒体拍到的照片、视频，钉子户有时候拿着《物权法》来对抗拆迁队。其实这个游戏规则里也可以设计一些，用《物权法》来挡住几分钟进攻，但它没有设计。很多时候有人开玩笑说，《物权法》变成了"无权法"。最有效的制度是现在的《城市房屋拆迁管理条例》，拆迁管理部门可能最喜欢用，因为拆迁管理条例赋予拆迁部门的整个流程非常顺畅。

前段时间有媒体甚至提出质疑，新拆迁条例会不会胎死腹中，我觉得这种担忧的确是有一定的依据。从2010年1月29日国务院法制办公开征求意见以后,公众开始等待,结果至今还没有出来。我觉得这其中可能有两个方面的原因,一是技术方面,一是利益方面。所有拆迁都涉及两个核心问题,一、到底是公共利益,还是商业开发;二、到底给多少钱才公平合理。这些都是技术上的问题,但关键的阻碍还是在利益方面。在新拆迁条例的酝酿过程中,涉及新的利益调整,背后潜在的各种各样的利益一定会参与进来。比如尽管地方政府有很大压力,包括维稳的压力,为什么还要搞拆迁?因为土地的确是一个很重要的收益,GDP的发展,土地财政的贡献非常大。拆迁变法之后,土地征收成本就大大提高了。

新法的出台宜早不宜迟,一方面是民心所向,是公众的期待;另一方面,它的确是扼制现在一些暴力拆迁、突击拆迁的最好办法,能从制度上解决根本问题。

可以说,地方政府庞大的游说能力,实际上也在阻挡这个新法出台的进程。

王锡锌: 有些分管建设征地的领导都在担心新条例的出台,因为新条例必然会把各方面的利益诉求反映到变法中来,所以现在才会有各种各样的阻力。有的房地产开发商说,现在地价已经很高了,如果拆迁变法一来,征地成本更高,以后房价还得涨。拆迁问题马上变成了房价问题,成了老百姓关注的另一个大问题。这些都是现实存在的各种各样的利益,一定会反映到变法中。

王志安: 从全社会的角度来讲,如何能够在尽量保证普通公民物权的基础上,不妨碍社会的发展,这是个问题。这些年来的城市建设,毕竟是使大多数人获益的。所以我觉得任何权利的保护,都离不开一个国家的国情和现实。基于中国今天的社会现实,一定要找到一条出路。社会用什么方式解决冲突,体现的是社会的文明水平。如果用燃烧瓶、弹弓、哪怕是拖鞋来解决冲突,这种方式只能说明社会文明程度低、智慧程度低。

王锡锌: 我们期待这款游戏将来会有升级版本。因为现在游戏中的角色基本是对应的,你要拆我的房子,我就要打击你。我们何不放弃原来那种丛林游戏规则,变成一种共赢模式。现在国家在城市化过程中,的确有很大的发展,也不能说原来的征收拆迁制度就一无是处。问题是在蛋糕被做大的过程中,利益分配是不是公平?所以说将来《钉子户大战拆迁队》的升级版本,应该可以存在一些协商的共赢模式,还可以有另外一种生存模式。当然,如果在游戏中有另外一种模式,前提还是我们现实中真的有那种模式。但我们都不希望在游戏中再加进自焚这一段。

如果游戏真能变成另一种我们期待的模式,或许游戏高手也就打十几分钟,就能到一个新关口,双方可以坐下来谈谈,最终以和平的方式来解决冲突。我们更希望这是现实中未来的发展趋势,相信只要内有一副菩萨心肠,外有一种雷霆手段,上有一个法治可依照的基础,下有社区自治等创新的制度安排,这样一个内外上下全方位的保障,以后像江西宜黄那种暴力拆迁的局面就很难看到了。

解铃还需系铃人。面对拆迁,有关部门只有规范执法、文明执法,去除暴力思想,真正尊重公民的人身和财产权利,才能推动社会文明向前迈出一大步。终结这种"丛林游戏"的最好办法就是让它失去现实土壤,众多"玩家"自然也就没了参与的兴趣。

2010年6月8日，国务院新闻办公室发表了《中国互联网状况》白皮书，引起了媒体和社会的和关注。白皮书首次向全世界正式公布了中国互联网政策……亿网民，其中，未成年人网民比例是1/3。这是一极大的人民，引起了社会的关注。对于这一群……应该采取怎样的对策有效管理？

第七章
拥抱全民网络时代

中国互联网报告解读
全球网络大战即将来临?
"微言"不轻,全民进入"微博时代"

刘正荣　国务院新闻办公室互联网新闻研究中心主任，网络局副局长
赵建国　国务院新闻办公室互联网新闻研究中心处长

中国互联网报告解读

2010年6月8日，国务院新闻办公室发表了《中国互联网状况》白皮书，引发媒体和社会的广泛关注。白皮书首次向全世界正式介绍了中国互联网16年来的发展情况。截至2009年年底，中国已经有3.84亿网民，其中，未成年人占1/3。未成年人网民这一极大比例，引起了社会的关注。对于这一群体，应该实行怎样的有效管理？

刘正荣：孩子沉迷于网络的现象，确实成为很多父母头疼的问题，老师的反映也很强烈。很多孩子在网上花时间太多，影响了正常的学习，还有的孩子沉迷于网络游戏，对他们的身心健康、学习、生活各方面都造成了很大的影响，这已成为越来越突出的社会问题。

我觉得对于孩子爱上网，主要还得靠家长教育引导，要告诉他，应该用互联网做什么，不应该沉迷游戏。这对孩子今后的发展会产生长远的影响。在孩子上网问题上，家长一定要多说、多引导。家长还可以采取一些措施，限制孩子的上网时间，毕竟孩子的自律性比较差。

对孩子上网，很多国家的父母都有控制。比如在欧美一些国家，都主张在计算机上安一个软件，父母可以调节浏览网页的安全度，包括不允许孩子浏览特定的网站等等。国外互联网会把上网的安全分成级别，比如说多少岁的孩子不应该浏览哪些网站、网页，

都有明确的规定。父母对于孩子上网进行适当限制，这是非常正常和必要的。

网络管理的必要性由此可见一斑。白皮书里说，80%的网民是通过网上来采集信息的。那么，目前中国互联网发展的现状怎样？

刘正荣：我国的互联网发展很快，20世纪80年代中期，很少有人有电脑。当时在西方国家，特别是在美国，平均每一千个家庭就有两三百个家庭拥有计算机。从这里也能看出，我国信息化基础跟其他国家相比是有很大差距的。互联网全面面向公众是在1995年4月。短短16年，发展得很快。现在网民人数已经接近4亿人，相信用不了5年时间，会达到5亿~6亿人。

互联网发展的进程，也是改革开放深化的过程。经济的快速发展必然带来信息消费需求的激增，互联网恰恰满足了这样的趋势和要求。比如，随着对外开放的扩大，我国对外经贸关系越来越紧密，需要更多的对外交流；人们的眼界更开阔了，需要获取更多的信息。实际上有一个文化不断多元化的过程，通过互联网可以获得各种各样的信息。这都是互联网快速发展的深层原因。

自从中国有了互联网，有一系列的政策、法规、条例出台，为什么这次的白皮书如此受关注？它与以往的有什么不同？

刘正荣：在过去十多年当中，我国的互联网发展极快。我们拥有世界上最大的互联网人口和市场，国内公众、国际社会，都很关心中国互联网的真实情况。在国外也有一些人对中国的互联网政策，尤其对互联网管理不了解，甚至有误解。政府要总结一下，向世界、向民众表明，政府到底是怎么看待互联网的，在过去的十多年中做了些什么，有哪些基本的经验，将来应该遵循怎样的原则来发展和管理。把这些汇集成一个文件集中表述出来，这就是发表白皮书的基本出发点。

从一开始，政府就把互联网放在一个很高的位置。政府管理互联网有一个基本的原则：依法依规公开管理，增强互联网管理的透明度，特别是政策的透明度。把政策要点说清楚，这也是依法依规管理互联网、公开管理互联网的一种要求，发表白皮书有利于增强政策的透明度。

赵建国：这是国家关于互联网问题的第一个白皮书。以前从来没有过互联网白皮书，也没有类似的全面介绍中国互联网发展状况的材料。这次推出白皮书，把中国进入互联网16年来的发展运营情况、互联网发展成绩、网上的保障网民言论自由、互联网管理的一些政策法规，还有互联网发展的政策环境和取向，都通过白皮书向公众展示出来。这是人们了解中国互联网最全面的一份材料，所以备受关注。

现在网上有一些言论，包括一些西方媒体的言论，认为中国政府发表白皮书是控制，而不是管理互联网。控制和管理之间怎么协调？

刘正荣：白皮书发表之后，很多国外媒体都进行了报道，但如果把"控制"这个词用于中国的互联网管理，是不太恰当的。因为我们从来也没有试图控制互联网，也不可能控制互联网。白皮书的头两句话就能够看出中国政府是以怎样的高度来认识互联网的重要性和先进性。白皮书一开头就讲到，互联网是人类智慧的结晶，是当代生产力的标志等等。很多人在发表对互联网管理意见的时候，认为中国不了解互联网多么重要，多么先进，多么有用。其实白皮书中包含了中国政府的基本观点，是把互联网放在实现现代化的重要手段、重要工具、重要渠道的高度来看待的。

有的人猜测，白皮书刚好在三网融合之前发表，这表示政府会传递一些什么样的信息呢？

刘正荣：要传递的信息非常多，包括政府是能够正确看待互联网的，有志于科学发展中国的互联网，希望中国的互联网更加有用、更加有益于社会发展，政府管理互联网会依法进行。同时，政府十分关心网络安全问题，因为网络安全不仅关系国家安全、公共利益安全，还涉及每个人的利益。此外，我们愿意学习世界上先进的经验和做法，加强国际交流与合作，大家一起把互联网发展好、利用好，让更多的人真正从互联网受益。

虽然没办法去管那些说我们"控制"的媒体，但我们会用实际行动告诉他们，政府是依法管理、科学有效地管理互联网，而不是所谓的控制互联网。

赵建国：控制互联网这种说法不准确。因为互联网是不能够控制的，互联网的发展历程证明它不是人为控制才发展到今天。互联网的管理是必要的，管理一方面是为互联网发展提供一个公平公正的政策环境，另一方面，引导互联网向有序有用有效的方向发展。

《中国互联网状况》白皮书中指出："公民依法享有互联网充分的言论自由。"中国境内网站达323万个，上百万个论坛，2.2亿个博客用户，据抽样统计，每天人们通过论坛、新闻评论、博客、微博等渠道发表的言论达300多万条，超过66%的中国网民经常在网上发表言论。互联网带来的便捷可能是潜移默化的，也是日新月异的。有人认为，政府开始管理互联网了，今后上网发帖、讲话，能自由吗？对于网上言论自由问题，不时也有西方媒体甚至个别国家的政要，指责中国的互联网管理政策，影射中国限制互联网自由。那么，中国互联网是否真正享有充分的言论自由呢？

刘正荣：发展和管理之间到底什么关系，我们先看一个现实的问题，很多国际大公司都看好中国的互联网市场。为什么？因为中国互联网发展潜力巨大。但如果市场是无秩序的，资本、技术、人才还敢进来吗？正因为在发展当中的依法管理，在管理中力图促进发展，才有了目前的良好环境。所以，不能把发展和管理对立起来，应该将其作为一个整体。

自由人人向往，宪法法律也保障公民的基本自由。但世界上并没有绝对的自由，在世界上其他地方上网，也不是想做什么就做什么。我研究过西方主要国家的所有互联网法规，这些法规对于哪些内容不能在互联网上传播，在互联网上不能发生哪些行为，都有明确的规定。我国互联网的立法原则和内容，和世界上多数国家是完全一致的。但在管理互联网方面，各个国家也有各自不同的观点。我国在日常的管理过程中，特别关心一些不利于社会稳定、民族和谐发展等方面的信息，有的时候甚至希望网站根据规定和要求，按照程序去删除这些信息，限制它的传播。因为目前社会发展处在转型过程中，有很多矛盾和问题，如果通过互联网任意放大，对社会稳定、凝聚人心、经济建设，都是不利的。

互联网上有的时候虚虚实实、真真假假，也不乏谣言、夸大之事的传播。如果没有基本的规矩，将会影响我们互联网的长远发展。

白皮书指出，互联网的新应用新服务为人们表达意见提供了更广阔的空间。博客、微博、视频分享、社交网站等新兴网络服务在中国发展迅速，为中国公民通过互联网进行交流提供了更便捷的条件。网民踊跃参与网上信息传播、参与网上内容创造，大大丰富了互联网上的信息内容。然而，网上删帖，被很多人视为网络管制、限制网络言论自由的手段。那么，事实真是如此吗？互联网管理应该删帖吗？

刘正荣：尽管对互联网内容的管理方面，各个国家的法律管理略有差异，但有几条是一致的。比如不允许利用互联网来煽动颠覆推翻政府，煽动暴力，煽动社会不安定，不能利用互联网来侵害他人的名誉。

出现这类不被允许的信息，国外是怎么处理的呢？一般有几条原则，其中，一条原则叫有错必究。遇到这种情况，政府部门或者社会公益机构、法院通知网站，哪条信息有争议，可能违法，侵害他人权益，网站必须尽最大努力立即阻止相关信息的传播。还有就是通知删除机制。有专门的部门来审核评判，一旦政府部门决定，这条信息应该删除，它就具有法律效应。我们跟西方其他国家多领域专家学者，包括互联网专家交流的时候，他们也持这种观点。

要把互联网秩序维护好、管理好，让其发展好，不能仅靠政府部门。政府部门主要侧重的是根据大家的意见，来制定规则和相关的法律，维护国家利益和绝大多数公众的利益等等。当然管好用好互联网，还要靠大家的自律。比如办网站应该了解国家的相关规定，了解国际上办网站的普遍做法，也就是规矩。既然网站为社会提供服务，也应该接受社会公众的监督，因为网站的信息和服务会对社会、对公众产生影响。公众也有义务来监督服务的提供者，网站的服务是不是好，有没有不恰当的地方，当发现网站的服务有违法的、伤害社会其他人利益的，就应该采取措施。

这几年在网上泛滥的类似暴力、色情、个人隐私的展露等等事件，未来对这类事件有什么强有力的监管方法？

刘正荣： 目前已经有一整套与互联网相关的法律法规，应该怎么做，基本的原则和要求在那里。比如说在互联网上传播淫秽色情图片，露多少才算淫秽色情，法律法规不可能规定得这么具体细致，只是一个基本的原则。那么就要求网站用理性的、冷静的、正常的道德标准来判断。

在美国，对于互联网上有害的信息，规定了很多前提，其中有一点非常重要，多数正常人认为有害的即是有害的。对每个行为、每个现象，都用法律来进行描述，是不可能的。所以要对互联网有更全面、更深入的认识。互联网带来了便利，带来了效率等等一系列的好处，还为个人展示才华，把自己的创作成果让更多的人分享，提供了一个好平台。我们要珍惜、爱护这个空间和平台。

其实，大家都很爱国，希望社会和谐、进步，希望国家强大。那么把互联网建设好，通过建设好互联网来促进现代化建设，使国家的信息化水平达到一个新的更高的台阶。把互联网发展好、建设好、管理好，意义重大。互联网问题绝不是一个具体的小问题，是涉及全局的问题。我觉得每一个爱国的公民，都应该呵护我们的互联网，争取比别人用得更好。

如果这样管理，像艳照门、各种各样通过网络曝红的事件，是不是就会越来越少，或者基本上没什么机会了？

赵建国： 这些确实得靠从业者的自律、靠网民的自律来实现。有些不该传播的，不该扩散的，大家自觉地去做，这样对个人，对公众都有好处。

这两年互联网的发展确实非常快，有众多的新闻事件是经过网络上曝光出来的，也有很多的不法官员包括一些暴力分子，通过网上曝光，事件受到了关注，罪犯被绳之以法。这种网络舆论，有什么好处？

刘正荣： 白皮书里面把网络的作用作了比较全面和准确的概括，提高到非常高的高度。网络舆论是民意通达很重要的渠道，可以促使党和政府更好地立党为公，执政为民。近几年来，大量通过互联网反映出来的问题，最终得到解决。没有互联网，也许解决得不会那么快。有一些贪污腐败分子、腐败官员，被互联网揭发出来之后，相关的官员受到法律的惩处，这都是舆论监督作用的体现。

但同时还要提倡，大家进行舆论监督时，应该以积极的态度促进问题的解决，在监督别人、评论别人的时候，也要注意自己应该履行哪些责任和义务，协调好批评与自我批评的关系。

网上舆论是不是也应该存在监管？比如人肉搜索，莫须有的事件在网上传播，事后可能水落石出、风吹云散，当事人可就惨了。对人肉搜索这件事应该怎么看？

赵建国： 人肉搜索有一定的积极作用，但是严格地说，它确实是一种不理智、不冷静、不理性的网络行为。对这种行为，我个人认为，还是需要加以引导和规范，要守住法律底线。不管他人有什么过错或者做得不妥当的地方，都要尊重他人的名誉权、隐私权，要保障他人的正常生活。

如果从更大的范围来看，互联网对中国的改变是什么？

刘正荣： 中国互联网在发展过程当中，得到了国际上的帮助和支持，包括技术、资金、经验、人才等等。互联网对现代化建设的作用很大，互联网是实现信息化的重要标志。它让社会更加透明、公开，在很大程度上，促进了改革开放进程，相信只要把握得好，就能够做到趋利避害，互联网会带来更多的精彩。

赵建国：互联网把中国与世界连在一起，使中国了解世界，也使世界更好地了解中国，所以互联网对中国的意义是非常重大的。

中国互联网的飞速发展，得益于改革开放，得益于经济的发展，同时也得益于国外先进技术和经验的交流。互联网应该是透明的，它让人和人之间透明，人和国家之间透明，国家和国家之间透明。在这样透明的环境里，每个人都有责任让透明的环境不要有杂质，呈现一个真正的绿色的互联网空间。

聚焦中国 FOCUS ON CHINA

李　莉　中国国防大学军事专家，副教授
叶海林　中国社会科学院亚太所研究室副主任
邬贺铨　中国工程院副院长，院士

全球网络大战即将来临？

2010年5月21日，美国网络司令部正式启动。美国国防部宣称，成立网络司令部是为了未来打击"敌对国家和黑客的网络攻击"。美国现任国防部国家安全局局长基思·亚历山大兼任网络司令部司令，军衔由三星中将晋升为四星上将。美国成立网络司令部的消息，引起了世界很多国家的紧张和警惕，英国、俄罗斯、印度、以色列等国都纷纷筹划网络战部队的建设，韩国也高调宣布将成立网络司令部，并计划于2011年正式启用。霎时间，一场没有硝烟的网络战争悄悄展开。美国成立网络司令部的原因是为了未来打击敌对国家和黑客的网络攻击，难道真的是因为受到了威胁，才成立这个网络司令部吗？

李莉：这应该是一个很有前瞻性的预判。亚历山大在陈述整个网络司令部的必要性时，提到了一个比较耸人听闻的数据。他说每小时对美国国防部重点网站的网络嗅探可以达到25万次，一天可以达到600万次。为什么要成立这样一个网络司令部？我认为是美国看到了潜在的网络战方面它可能面临的威胁，才作出的决定。

叶海林：在网络战争的威胁方面，美国摆出来的姿态是应对危机型，也是刺激反应模式。有人威胁我了，所以我要作出应对。实质上，美国是要利用成立网络司令部以及由此引发网络技术的革命，去引领一次新的军事革命浪潮。在2004年，美国空军曾经公布过一份空军文件,翻译成中文就是太空作战行动文件,第一次提出了太空战的概念,并且要求美国空军要为太空战作准备。现在网络司令部也是一样,并不是说美国真的觉得有些国家在威胁它,600万次的网络嗅探,对于美国国防部构不成什么实质性的威胁,美国是要以此为契机,去掀开一场可能要耗资几百亿美元的长期网络战争而着手前期准备工作,实质并不是要打造网战之盾,而是要锻造网战之矛。

网络司令部到底是怎么样的一个机构?

李莉: 我觉得应该是一个实体机构,更重要的是,网络司令部必须要有专职的网络战斗部队,只不过部队的武器变了,是用计算机,以对方虚拟的网络空间作为阵地。在很大程度上,可以把这支部队看作是一支新型的特种兵,可能刚开始是以比较小的分队出现,比如说十几人、二十几人,那么未来会不会演变成一个旅、一个师、一个军这样更大的建制,从未来发展趋势上看,也不是不可能的事情。

叶海林: 美国网络司令部的建立是一个有备无患的军事考虑,也是一个攻防兼备的作战单元。美国在最近二十年几次军事行动中,尝到了网络战的甜头。比如1991年海湾战争,美国就曾使伊拉克指挥网络瘫痪,当时伊拉克还不是一个高度数字化的军队,但美国的网络战也确实收到了相当的成效。1998年攻打南联盟,南联盟也对北约军队发动过网络战的攻击,当然手段相对比较简单,主要是一些瘫痪式的攻击。北约和美军方面对南联盟的反制就是使南联盟的一些军事指挥系统陷入瘫痪,效果都比较明显。在阿富汗,美国也曾经使用过网络战的手段,对付根本就不太使用网络的塔利班,也有一定收效。在第二次伊拉克战争中,美国曾经讨论过是不是干脆利用网络攻击，破坏掉伊拉克的金融系统，使伊拉克的银行业完全瘫痪。之所以最后这条攻击指令没有下达，是因为美国担心破坏了伊拉克的银行系统也会相应地破坏整个中东地区的银行网络，会有连带效应，后果不可控制。但至少从技术上，美国已经可以做到这一点了。

可以这么说，网络战已经提前并充分地在战争中发挥作用了？

李莉：是的。任何一种作战样式的出现，实际上都有一个渐进式的过程。从目前形势看，网络战有一些区别于以往军事行动很明显的特点。首先，它是隐蔽性的。比如说金融系统瘫痪了，或者整个其他的管制系统瘫痪了，但很难清楚地判明对手是谁，谁发起了攻击。这在判定上很成问题，实际上给作战的一方带来了很大的掩护。第二，平时跟战时的界限是不明显的。以往的军事行动有开战程序，但网络攻击平时就可以进行，很大程度上模糊了战时和平时的界限。这两个非常突出的特性，给国家的安全，包括信息安全提出了新的挑战，就是可能在不知道对手是谁，不知道什么时候开战的情况下，已经遭受了极大的重创。而这种重创没有人员伤亡，对手发动了攻击，更多的可能是受到谴责，被攻击一方甚至都不知道往哪儿去还击。这种新的形势，值得各国关注。

对于普通百姓来说，应该如何面对网络战争？网络战争和老百姓会发生怎样一些关系？

李莉：作为一个普通公民来讲，首先要有网络安全意识。现在，大家的网络安全意识比较淡薄。为什么网上会有那么多的钱被黑，自己的资产遭受损失，这是老百姓最关心的问题。目前中国网民受到最大的侵害，就是个人密码长期不改，可能一两年，甚至十年都不变，这就难保不被别人盗走。所以我觉得大家要有安全意识，要知道黑客就在暗中盯着你，如果有这种意识，我相信大家会及时修改密码的。第二，对国家信息软件产业一定要高度关注。软件的漏洞是无处不在的，一旦漏洞被敌方操纵，后果不堪设想。微软的Windows系统占到全球操作系统份额的95%以上，世界各地都在用着美国的系统，这显然是不安全的。好像自己家门的钥匙由别人拿着，没有国产软件的安全，网络安全就难以保障。

网络首次应用于战争并发挥作用是1991年的海湾战争。美国在伊拉克的一批打印机中植入病毒，战争打响前，这些"潜伏"的病毒被激活，让伊拉克防空系统很快陷入瘫痪，美军的飞机长驱直入。以后，在历次战争中，网络成为越来越重要的战争武器。1999年科索沃战争，网络战的规模和效果都有增无减。在巴基斯坦与印度的冲突中，网络战袭击一直是两国间主要的"军事行动"。2008年8月，俄罗斯与格鲁吉亚冲突期间，网络攻击的应用更为广泛。格鲁吉亚人无法看到新闻，无法拿到现金和机票。网络战争究竟怎样打？又会如何呈现？

李莉： 2009年，韩国所有的政府级网站，包括国防部、教育部、司法部等网站都瘫痪了。三个波次的攻击以后，整个系统一百多万台电脑同时都无法工作。这在物化层面上会是一个可怕的景象：战斗机因为接不到指令无法起飞，不能判断空中目标；海军舰艇不知道向什么地方发射导弹；陆战部队也不知道怎么定位，因为GPS受到干扰，信息联络不通了。所有涉及军队指挥的这一块，全不能连通了，这种不能连通的状态，对一支现代化的部队来讲，可以说是毁灭性的打击。这种战争对于传统战争的影响也是巨大的，无论军队装备有多么精良，可能在被打击之后，瞬间就变成了一支非常平庸的部队。

叶海林： 实际上，军队装备越精良，受网络的影响就越大。美军也曾经评估过，对于像塔利班和当年科索沃战争中的塞尔维亚游击队的武器装备，网络战的效果非常差，因为他们完全不依赖网络。但网络战本身也不只是瘫痪对方的网络那么简单，在战时可以用网络攻击去瘫痪对方的指挥系统。在平时，网络战也可以进行网络窃取，可以利用植入木马程序去盗窃对方的机密信息，在发动常规的军事行动的时候，能够做到精确打击。

一旦网络战争打起来，有它特殊的方式，那么网络战争的杀伤力到底有多大？

李莉： 简单地讲，它可能会造成现代社会的大崩溃。如果一个有组织的黑客集团，对国家的重要的战略系统，比如金融系统、能源系统、交通系统，包括整个的资金划拨系统进行攻击，就会造成社会崩溃。而对于一支现代化的军队来讲，它会使军队的战斗力急剧下降，甚至丧失最基本的抵抗能力。一旦战斗机得不到指令，预警机不能及时发出预警信号，预警卫星探测到的信息不能传回地面，坦克与坦克之间没有相互的信息交联，也就相当于指挥员与所指挥的部队都失去联系了。可以想象，部队最基本的战斗力会急剧下降，甚至衰减到零，这就是最直接的影响。

叶海林： 从军事角度来说，如果网络战争成功发动，就算装备最现代化的军队，被攻击后可能还不如罗马时代的步兵军团。至少那时罗马的指挥官可以用嗓子给军队下命令，而在现代战争情况下，如果军队的指挥系统被打乱，指挥官根本不知道士兵在哪儿，战争是没办法进行的。这也是断其中枢的非常有效的作战手段，让部队根本没有办法做到任何信息的来回传递，实际上这样的军队就变成了一个植物人军队。

那么，网络战真的是一触即发吗？

叶海林： 应该说网络战已经在进行，有的国家已经为此组建了相应的成建制的部队，相应的军事行动早已经展开，网络战不是未来的事情，它是一个已经发生过的事情，只不过它现在没有发展到像第一次世界大战、第二次世界大战那样全球卷入的一种现实的军事行动。但是网络战的时代，就像太空武器时代一样，是一定会到来的。

面对似乎日益临近的网络战争，中国怎样应对已经成为人们关心的话题。据环球网《你认为中国应建网络司令部吗》的调查，在4000多人参加的投票中，超过94%的网民持赞成态度，反对者不足6%。有网友强烈建议成立"中国网络安全司令部"，每个网络用户也应该负起相应责任。那么，中国应该建立网络司令部吗？我们又需要作哪些准备呢？中国的实力相对于其他国家，在这方面具有什么样的优势？

叶海林： 很多国外媒体曾报道，中国的网络作战能力全世界可以排第二，仅次于美国。我觉得要特别警惕这种说法，因为在中国当前的网络安全格局下，不但没有任何优势可言，实际上反而处于一种巨大的危险当中。第一，中国的网络并没有掌握核心技术。我们的软件和硬件，不管是计算机设备，还是网络的服务器，绝大部分是从美国进口的，软件几乎全部都来自美国。也就是说，我们的技术核心和技术秘诀掌握在美国人手中。美国根本不需要植入木马，只要调用计算机网络的后门，就可以对我们形成非常致命的打击。

李莉： 如果从技术层面的差距来看，发达国家和发展中国家比较起来，发展中国家面对的信息安全挑战和威胁更大，这是显而易见的。虽然有很多外国媒体报道中国网军的威胁，中国黑客的威胁，但我们需要很客观地理性看待。比如前两年有报道，美国最核心的F35的机密是被中国网军拿到的。后来洛马公司声明，材料根本没有外泄。这看似相互矛盾的事例，但指证的渠道包括矛头都直指中国。不能觉得我们真的就这么强大了，这一点需要警惕。

美国的网络司令部一出来，引起很多网民关注，希望中国也成立自己的网络司令部。我们对于外籍技术的依赖性特别强，这并不利于后期的发展，中国该如何应对？

李莉： 我们可以预见，随着这个趋势走下去，未来网络战会独立出来，成为独立阶段、独立的作战行动。在那种情况下，如果没有网络攻防力量，显然是很吃亏的。我国既是网民数量最多的国家，同时也是网上受到攻击侵害最大的受害国之一。2009年，中国IP地址受到境外控制的达到100多万个，这证明目前整个网络基础设施的防护还远远不够，还需要加强。而网络战部队的基本职能，首先要防卫自己的电脑，包括防卫网络空间不被对方侵害，这是最本质的。其次才是攻击别人，这也是摆在目前的现实任务。综合各种情况来看，世界各国都会关注到这个领域，不仅是中国。

叶海林： 网络作战有一个致命的弱点，如果它不能够向对方的网络发送任何信息，军事行动就无从谈起。想要黑掉别人的网站，先要连上对方的网络，实现网络接触，才能发动攻击，这是一个最基本的网络作战的特性。所以对于防卫，特别是弱势一方来说，保卫信息安全，保卫通讯系统的完整，做到隔离是非常重要的。就是说，我们自己的核心网络不能有任何方式和其他互联网连通在一起，这一点目前做得很不好，必须在短期内尽快改变。在技术上短期内无法超越西方的情况下，先保卫好自己，这是可行的，也是必须引起重视的。总比敞开大门，甚至像有的公司把一些机密数据设在美国的服务器上，这样的方式要好得多。

在做好防御的基础上，我们也要研究进攻的手段，特别是要论证好发动进攻的能力以及法律可行性。如果没有向全世界证明我们拥有网络作战能力，那么在未来制定网络作战的国际行为准则方面，中国就没有任何发言权。

如果世界各国都要建立网络司令部，这会不会在全球范围内引起新的军备竞赛？

叶海林： 军备竞赛不是一个在道义上多么值得怀疑的事情，它是一个自然的趋势，只要一门新技术产生，各个国家都会先后掌握它，这是很自然的。关于网络的军事技术竞争，我们可以不把它叫做军备竞赛，但竞争一定会越来越激烈，这是毫无疑问的。

一旦网络战争打响，中国的胜算有多少？我们能打赢这场战争吗？

邬贺铨： 网络战是自网络出现以来一直就存在的，只不过开始可能不是一种有组织的行为，只是网民自发采取了一些行动，对一些目标进行攻击。尽管在有些技术上面可能还有一定差距，但实际上有关部门对网络安全防护是非常重视的。我们首先要做好防御，尽量避免受到攻击，避免受攻击后造成的影响。第二步，要以牙还牙，采取适当的措施以攻为守。在这点上，网络的攻防是此消彼长的，不能说美国的攻击就一定会比中国的水平高，应该说相互之间都在比对。但严格来讲，还是需要提高警惕，不能掉以轻心。

美国未来学家预言："计算机网络的建立与普及将彻底改变人类生存及生活的模式。谁掌握了信息、控制了网络，谁就将拥有整个世界。"西方军事家认为，网络战在几秒钟甚至更短时间内所造成的破坏作用不亚于原子弹。为提高各国应对网络攻击的能力，其他国家也都纷纷加强网络力量建设。欧盟27个成员国和冰岛、挪威、瑞士3个非成员国，于2010年11月4日启动了名为"欧洲2010网络"的网络战联合演练，演练持续了7个小时。这是欧盟首次举行全欧范围内的网络战演习。欧盟官员说："欧洲将逐渐加大演习力度，今后还将组织有私营部门参加的演练，并将演练从欧洲扩展到全球。"很多国家相信，鉴于目前对网络的高度依赖，网络攻击可能成为让一国在短期内屈服的有效手段。

著名军事专家宋晓军最近在接受媒体采访时指出："网络战争并不是说完全把传统战争的样式都覆盖掉了。比如现在的利比亚战争，虽然北约等西方国家在网络上做到了无缝隙的连接，但对待传统的只有几千辆坦克的利比亚军队，他们仍然要逐个逐个地把坦克炸掉，并不是因为有了网络优势就能把所有的坦克一夜之间全炸毁了。所以，网络战争只是战争当中的一部分。"

对中国来说，一方面要强调我们的网络安全，注意网络安全应用技术的开发；另一方面也不要盲目跟风，全去搞什么网络战争，我们仍要加强国家的机械制造等传统工业的产业升级，最终形成一个平衡体系，这才是中国真正应对的办法。

聚焦中国 FOCUS ON CHINA

方舟子　美国密歇根州立大学生物化学博士
王志安　中央电视台评论员

"微言"不轻，全民进入"微博时代"

周立波2010年的两篇微博，自曝为上海胶州路火灾哭了两个小时，被网友认为装腔作势。对此，周立波迅速反击，并发表"网络公厕论"："网络是一个泄'私粪'的地方，当'私粪'达到一定量的时候，就会变成'公粪'。那么，网络也就是实际意义上的公共厕所！"周立波还放言："若将网络民意当真，实是一种'自宫'行为了。"

知名诗人叶匡正在《南都周刊》上发表了一番评论，称周立波"红火没多久，就露出暴发户之态"。周立波显然也容不下这样的批评，对叶匡正和《南都周刊》一起开骂。周立波为何网上发飙？对此，事件当事人是一种什么心态呢？

方舟子： 在网上我已经被人骂惯了，倒也没觉得有多生气，也不觉得有太大的意外。周立波发表了"自宫论"以后，很多人都指责他，所以他可能有点恼羞成怒。他本来把那条微博删掉了，结果我却替他保存下来了，我想这是他冲着我来的原因。

即使是一个非常普通的老百姓，一分钱不花，注册一个微博账号，就可以跟名人打对台了。这样的舆论环境，跟过去比有没有什么重大的变化？

方舟子： 现在网络是非常平等的，不管是名人，还是普通老百姓，大家都一样，发言权都差不多。如果有些名人没摆正自己的心态，还是以一种高高在上、自我感觉良好的心态来玩的话，他会非常失望，失望之后，可能就会破口大骂。玩网络用什么样的心态，这很重要。

王志安： 这可能因为把虚拟网络社会的传播方式跟现实生活等同起来了。在现实生活中，如果有人骂你、羞辱你，那你肯定会有正常的反应。凭什么这样对我？可能产生自卫的行为。但网络中这样的行为实在是太多了。如果真要像现实生活中那样一一还击，每天基本上不用干别的了。如果要想发表一些与众不同的观点和言论的时候，那更要作好这方面的准备。

很多微博名人，即使是最有涵养的人，被骂急了，往往是选择拉黑，就是屏蔽掉信息，因为他实在受不了。

方舟子： 这也是一种权利，拉黑别人，或者把骂人的帖子删掉，其实还是一种比较正当和恰当的做法。

王志安： 为什么网络上有那么多的语言垃圾？因为它跟现实中人际交往方式有区别。现实生活中即便是跟别人观点不一致，或者说利益上有非常大的冲突，也很难轻易去破口大骂。但在网络中，骂人特别容易。因为第一，你看不见对方的反应，不高兴就可以骂几句；第二，言论本身没有后果，骂一句怎么了，又不能把我怎么着。

"金庸去世！"2010年12月6日晚，《中国新闻周刊》在官方微博上转发了"金庸去世"的消息并引发强烈关注。但消息出现后不到20分钟，同丘露薇等名人就通过微博辟谣，批评造谣者"太不专业"。很快，经香港记者向金庸本人求证，"金大侠"身体无恙，得知此消息很淡定，并没有生气。1小时后，《中国新闻周刊》在官方微博上连发两条致歉消息。第二天，该周刊副总编辑刘新宇辞职，网站编辑邓丽虹被辞退，网站内容总监汤涌被降级。

微博作为一种新生力量，已经深刻地影响着社会。在唐骏学历门、"我爸是李刚"、宜黄强拆自焚、舟曲泥石流直播等事件中，微博实现了信息直通，迅速聚集了人气，改变了事件的进程，成为公民参与表达的重要手段。

微博为什么能够火爆网络？微博是信息垃圾还是一条实现正义的路径？

方舟子：关于金庸去世这条谣言，实际上是《中国新闻周刊》负责微博的一个编辑发出去的，在微博上发言太容易，只不过是因为这条谣言挂着《中国新闻周刊》官方微博的名头才引起了轩然大波。但实际在微博上，谣言到处都是，包括针对很多名人的谣言也是满天飞。

网络谣言是件新事物，过去我们说谣言止于智者，可是网络上指望谁是智者呢？我们又说谣言止于信息公开，可是网络上并没有信息主体，并不是充分公开自己的信息，就能平息谣言。所以很多人往往只能瞪眼看着它发作，然后瞪眼看着它消亡，但由此造成的伤害就留下来了。我们怎么看待这个问题呢？

王志安：网络只是信息传播的一个加速器。在没有网络之时，同样有谣言，而且那个时候产生谣言之后，其实更难辟谣。所以不能认为谣言在网络时代就比过去成倍增长了多少，现实生活中谣言也非常普遍，只不过在网络世界中它加速了，与以前相比频率变快了。过去一个月中可能才会接触几个谣言，但现在每天可能会接触几个谣言，而且谣言的传播范围比过去大了，但谣言死亡率也变高了。比如金庸去世的谣言，在网上传了一天，第二天大家都知道金庸还活着，谣言自然就死了。

方舟子：谣言的传播，是言论自由必须要付出的一个代价，因为在网络言论太自由了，谣言的流传几乎是无可避免的。针对谣言，或者不理，哈哈一笑就完了。有必要的时候，可以在同一个渠道进行澄清，也是能够起到一定作用的。国外曾经有过对Twitter上谣言传播的研究，结果他们发现，基本上还是通过Twitter把那些有必要澄清的谣言澄清了。所以大家对这点也没必要太失望，谣言并不是非常可怕的攻击。

微博这种全新的媒体，从每一个点发出来的信息都能够被N个点接收到，真相、谣言都可能被无限放大。网络媒体信息内容的即时性、海量性、渠道的多样性、广泛性，不断冲击着传统媒体。目前，新浪微博和腾讯微博的用户数都已逾1亿户，成为一支不可忽视的传播力量。

传统媒体应该利用强大的采编资源，利用自身的精英气质、专业深度与相对较高的公信力，加速与微博这种新媒体的融合。如今，与传统媒体共生的微博具有怎样的特质？

王志安：我个人认为，传统媒体跟微博有一个很大的区别，就是传统的媒体信息是经过筛选的。举个例子，比如马英九可能只能听到意见领袖对他的骂声，一般人骂他是听不到的。只有深入到菜市场，跟别人握手的时候，他才可能听到别人的骂声。微博其实就是一个自由的意见市场，所有的市场都会有一个自我更新、自我澄清的机制。所以对于现在微博的种种乱象，没必要将其视为洪水猛兽。

微博网友以每个人都承担一份责任的方式，成为推动社会良性发展的"微动力"。可以说，一种可观的微博政治在中国业已形成。而诸多部门也开始利用微博释疑解惑，加强官民互动，"微博问政"成为全新沟通渠道。2010年2月，广东开设我国首批公安微博群，此后，河北公安微博群、济南公安微博群、北京公安官方微博陆续开通。江苏扬州警方尝试利用微博破案并取得成功。正在勃兴的微博，将给社会良性互动带来怎样的改变？

王志安：现在微博不仅是了解信息的一种手段，其实也建立了一种新的人际沟通方式。我认为它对社会的改变是非常重要的，任何人想找你，只要在用户名前面加个@找你就行，随时随地都可以知道。这对社会的影响，绝不仅仅是一家媒体、一种言论所能达到的。有人说微博改变中国，概括起来意思就是要提高微博水平。如果微博水平低，或许也可以改变中国，但不知道会朝哪个方向改变。

微博成为一种新崛起的力量，受到越来越多的关注。作为带有强烈个体色彩的媒体，微博是个人向社会喊话和向社会表达的工具，在传统媒体渠道不畅的现状之下，对于整个社会的信息透明度、意见表达的均衡性和对真相追逐的空间，都提供了一定的可能性。由于新技术的突破，传统媒体的影响力和权威性受到新传播方式的极大挑战。

美国总统奥巴马、俄罗斯总统梅德韦杰夫、澳大利亚外长陆克文、委内瑞拉总统查韦斯等政界风云人物纷纷开博，拉近与民众的距离。连朝鲜也开微博，上传有关朝鲜的主张和消息。

如何化解微博新媒体的负能量，怎样才能加强自律，建立良好的网络生态环境？

方舟子： 微博也有一个自我演变、自我兴盛的过程，没必要刻意去规范。现在对微博已经有一定的软件监控，我倒觉得，目前最应该做的是争取更多的言论空间，而不是总想着要怎么去约束它。

王志安： 权利是需要一个适应过程的，哪怕这个权利给到普通民众自身。中国人长期以来还没太学会如何在一个言论自由的环境下表达。所以我觉得这个状态下，不仅仅是微博，在现实生活中也得重新学习，只不过最先表现在微博上，没什么大惊小怪的。

有这样一个案例，一个美国人有辆卖快餐的汽车，原先生意很不好，后来他干脆把销售的渠道搬到Twitter上。每天快餐车会在哪个街区、哪条大街、哪个路口出现，提前半个小时在Twitter上公布。结果在网上掀起一股热潮，大家每天猜他第二天会在哪儿出现，提前到那儿排队，销售量和过去比起来翻了不知多少倍。它体现的功能，已经不仅仅是媒体的功能了。但是我们中国人现在对微博的理解，更多还仅仅停留在媒体这个标准上。实际上我认为，微博对未来的人际互动方式的改变，现在还没有完全显现出来，毕竟它进入我们生活只有一两年时间，没必要先急着进行监管，采用各种各样的方式去束缚它，应该先让它自然生长。市场有一个自动抛弃的机制，只要是健全的市场，卖假冒伪劣产品，一定会被市场抛弃。

微博的最初用途是让人们每时每刻都能向外界播报自己的所作所为。目前，这仍然是微博的一个主要用途，但它的迅速发展和其所具有的一系列交际功能，已远比以前复杂得多。由于微博的使用，人们开始能够创造并传播信息，而不是像以前那样只是消费信息——消费他人传播和"控制"的信息。如此一来，人们获取信息的渠道得以进一步拓展。

微博只是通往无处不在的协作之路上的又一种工具。毫无疑问，它改变了人们交流的方式，而这将在未来的岁月里产生持续的影响。围绕着微博和整个社交媒体，还存在一些更大意义上的社会与文化问题，有些人对这些问题表示担忧，这在情理之中。微博会不可避免地使我们的职业与个人隐私间的界限更加模糊，并进一步地暴露在公众面前？也许只有时间能告诉我们答案。

2010年6月28日，贵州省关岭县岗乌乡大寨村因暴雨引发山体滑坡，造成该村99人被掩埋。也是在6月，广西来宾市的吉和村发生山体滑坡事故，同样在排查中被认定为地质灾害隐患点的两个地方都发生了极其相似的灾难。而在这之前不久，泡地马拉也出现了一个深100米的大坑，这两个地方的态度也好相似，从7月8日开始，我国

第八章
2012真的要来了？

莫让天灾变人祸
城市被淹，不只是天灾
极端天气缘何常态化

张少泉　中国地震局地球物理研究所研究员
石述思　工人日报社要闻部主任，资深媒体人

莫让天灾变人祸

2010年6月28日，贵州省关岭县大寨村因暴雨引发山体滑坡，造成该村99人被掩埋。也是在6月，广西来宾市吉利村发生地陷，村旁的一座大山下形成了4个巨坑。6月4日凌晨，浙江省黄衢南高速公路路面突然塌陷，造成一辆汽车翻车。而就在前不久，危地马拉也出现了一个深100米的大坑，这两个地方的经度正好相对。从7月8日开始，我国南方强降雨造成湖北、重庆等10个省市1000多万人受灾，因灾死亡50人。

天降暴雨，地陷深坑，泥石流夺走群众生命，人类是否面临末日危机？是自然灾害，还是人为事故？

张少泉：老百姓会有这种想法不足为怪。主要因为大的社会生活动荡不定，特别是西方国家。再就是很多人善于联想，比如中国的大坑和危地马拉的大坑，两个可以对穿。都发生过大地震的智利和汶川也正好是对穿地球，也是两个地方加上地心，三点一线。实际上是不可能的，大坑完全是地表现象，离地表最多几十米，就算是地震深一点，不过离地表几公里到几十公里，还都是在地壳，连地幔都到不了，整个地球厚度是6000多公里。尽管相差那么大，它并不影响人们天马行空的猜想，所以联想到"5·12"、"11·2"，横着看、竖着看，都一样。实际上这在数学上是很简单的一个数组，没有什么可奇怪的。

关于2012，这可能是一种迷信，但为什么公众面对这些传言，好像产生了全民一致的情绪效应？

石述思： 迷信的传统在人类社会源远流长。虽然科学家一直在证伪，但科学工具的理性和文化领域、信仰领域长期积累的道德理性，是漫长艰苦的斗争。最近华沙的教会才为哥白尼平反，是非常滞后的。我们现在又赶上了灾难多发期，自然就形成一种情绪的连接，末日病毒开始全面扩散。在此过程中，西方媒体是罪魁祸首，它们有一句至理名言，"坏消息永远是好消息"，主流媒体首先就被绑架了，再加上网络四通八达，局部恐慌能迅速传递升级成全球性的恐慌。

近年来，汶川、智利发生的地震都达到了8级以上，这在历史上是不是罕见的？换句话说，现在是不是到了地震多发期？

张少泉： 我可以负责任地说，现在不是地震多发期。很多人对地震的历史资料，特别是全球范围内的地震资料了解并不全面。全球8级以上地震，从1900年开始到现在，共发生了88次。历史上也曾经有过一年有一两次，个别有三次8级以上地震的情况。最近正好赶上了两次，中国汶川的8级地震和智利的8.8级地震。这属于正常分布情况。我收集了一百年来的所有地震资料，对比分析后发现，8级、7级、6级，每一个级别在各个年代每个时段的分布，基本上是稳定的。根据这个数据，最近这些年虽有起伏，但没有大的变化。

判断地震是不是进入高发期，有物理判据，有统计判据，刚才说的是统计上的判据。从数据上看，最近十年和已经过去的几个十年，基本上是差不多的。物理上的判据是，大小地震的比例一直稳定在一定的数值。例如，每年全球平均要发生8级地震一两次，7级地震一二十次，6级地震一二百次，依此类推，基本上是一个金字塔的排列。也就是说，地球往外释放能量时，大小地震是搭配的，并没有出现节奏上的剧变，很稳定。地球本身处在一个稳定状态，地球的寿命从不同的角度估计可能在100亿年，现在年龄是46亿年，正处在壮年期。地震告诉我们这是一个充满活力的地球，并不能说明"末日"灾难即将来临。

现在的媒体过度发达，各种信息传播很快，目前因传闻引起的一些情绪效应，是不是媒体也有一定的责任？

石述思： 这方面媒体应该承担一定责任，但不是全部责任，媒体同时也在刊载相关专家的声音。为什么大家选择相信谣言，而不相信科学？接受系统哪里出了问题？新世纪的这十年，全球发生了巨大的变化，尤其是2008年，发生了诸多自然灾害。再者，互联网的广泛应用，使全球变平了，没有秘密了，人们可以知道任何想知道的信息。还有很重要的一点，由于竞争的加剧，个体的压力剧增。种种外部因素引致未来的极端不确定性，人人都焦急、郁闷、忙碌，全球同此凉热。那该怎么办呢？又有天兆，又有蛛丝马迹，又有古老的传说，各种力量的叠加，与其说相信世界末日即将来临，不如说相信一个新世界、新世纪、新时代的婴儿即将诞生。因为诞生之前必然充满了喧哗与躁动。

中国古代有这样一些书，比如《烧饼歌》《推背图》，国外有诺查丹玛斯预言之类的书。为什么在此前的历史上，一些预言似乎应验了？怎么解释这个现象？

张少泉： 我觉得这牵扯到科学的定义，科学是有推理有实证，能实验证明能够重复，才能成为真理成为科学。但人的心理要满足，不是按部就班、循规蹈矩的。在起伏动荡的社会里，人类要适应就必须改变自己的状态。这种改变往往会出现各式各样的想法，无论是美妙的或是丑恶的，都是一种心理满足，所以对谣传末日现象的出现不要过于苛责。

石述思：我们不能低估这些预言家。首先，他们都是智力超群的人；其次，他们能准确把握公众的心理，甚至对社会、经济、历史、文化的发展有一定的判断能力，在当时可能都是意见领袖，属于有话语权的人。而这些人结合对公众情绪的把握，对历史发展规律的判断，作出某种预测，从某种意义上说跟社会经济前进的脉搏暗合，再加上当时民间的信息不对称，所以就会有应验的感觉。今天这个信息大爆炸的世界，能形成这样的末日恐慌，是相当耐人寻味的。科学发达，信息通畅，信仰多元且共融，末日传言大行其道，确实有点匪夷所思。

很多人热衷于传播末日说，还描述了各种版本，但他希望这样的灾难都降临到别人头上，而自己充当幸存者。美国人经常说，没有人在这场末日传说中希望自己先洗洗睡了，而只希望邻居先洗洗睡了。这不是很黑色幽默吗？

张少泉：过去古书里介绍的末日，都不足以影响人们的思维，可是现在出现的是冠以科学名目的末日。虽然"末日说"有千奇百怪的各种说法，但如果仔细琢磨，基本都是出于个人的心理需要，并从中得到一种满足。

伴随着天灾，似乎总有人祸的影子，2010年6月30日，《生活新报》报道：贵州关岭滑坡灾害事件中，当地村民去年就发现山体有开裂现象，有山头发生了整体移动，当时一些村民将此事上报，但是没有结果。

就在同一天，《新京报》报道：广西泥石流暴发前也有明显前兆，村民们在前几天就发现了一些异常现象，但是没有人告诉他们这是泥石流的前兆，当地政府也没有通知村民搬迁。面对天灾，我们的"应对"为何不足？天降大难，人类应该怎样减少损失？

张少泉：我觉得整个社会对于科学本身的理解，还有些欠缺。要确定一种现象，不能根据道听途说，也不能根据偶发事件，一定要有比较多的人同时观测到，而现象又有重复性。另外，要从现象中寻找规律，将规律联系起来进行推理，再次分析后，才可能找出一些有用的信息。所以现在的老百姓和地方官员，他们对于科学这方面的素养还有一定距离。我觉得还是科学工作者在科普方面宣传得太少。不能根据少数的现象，简单地推升到某种规律，这恐怕是一个大问题。

贵州当地有些官员抱怨，滑坡怎么能赖政府呢？前半年大旱，山体本来就干裂，然后又大雨，就容易产生泥石流，认为完全没有地方政府的责任。对于地方政府来说，面对灾害有什么应该做但没有做的呢？

张少泉：对于灾难的预警，政府需要设立宏观观察员。宏观观察员在地震系统中叫三网一员，三网是说它可以是信息网、紧急救援网，还有临时疏散时的疏导网，三种功能集于一员，就叫宏观观察员。宏观观察员有一个任务，就是一旦有变化的时候，必须及时通知大家转移。其实从一个村的角度来说，进行有具体内容的观测，完全可以实现。比如小学的老师，或小学生平时做的科学实验，完全可以承担这一任务。

泥石流一般都发生在山谷，沿着溪流而下，山石、泥土、泥沙在大量的水冲击下往下走，有各式各样的反应。很可能听到嗡嗡的鸣声，也可能看见地面上的裂缝、变形，有各种差异。泥石流有这些先兆，完全可以发现。问题是捕捉它，认识它，然后汇集起来，这比较困难。

石述思： 与西方媒体那句名言"坏消息永远是好消息"正相反，对于地方政府来说，坏消息永远是坏消息，因为可能会牵扯到政绩，牵扯到颜面，牵扯到问责。曾有学者在全国范围内作科学素养调查，2006年，民间公众的科学素养只有3.6%。而地方政府的唯GDP论，导致"萝卜快了不洗泥"，很少有科学规划，可能就为泥石流的频发等一次次天灾埋下了隐患。作为一任地方政府，出了问题只有挨板子的份。我们的问责机制、监督体系，目前正在全面建设中，在一些基层并不健全。这些因素自然导致村民屡次上报，当地政府没有积极重视，而且事先的预防工作千疮百孔，这种局面的出现，有些责任是政府应该反思的，有些责任应该是全社会共担的。

另外，我觉得对资源的过度开采，跟泥石流有很大的关系，当然跟人口超载，缺少科学规划、竭泽而渔、盲目开发有直接关系。要是有好的植被，可能泥石流就会有所降低。很多时候，大家看到的都是结果，不去寻找原因，然后就对全社会进行审判。也许泥石流是多任地方政府一起造成的后果，只去责罚现任政府，这就有失公允。

对地方政府的指责是不是有点过于求全责备呢？

石述思： 这用网络词语"纠结"来形容非常合适。有时候是天灾还是人祸，无法分清楚，它是并行的。在理清责任的时候，从来都没有出现过将天灾真嫁接到地方政府头上，反而有时会出现地方政府把人祸归结为天灾。但调查后会发现，其中既有天灾又有人祸。比如天坑，很多时候是天灾造成的，是因岩溶地形。但如果设想一下，地质是岩溶地形，政府不经过调研就在上边铺马路，或者建大楼甚至建学校，到时出了事故，账该算到谁头上？政府最初的预见能力、规划能力、科学发展观贯彻能力在哪里？这是今天面临的尖锐挑战。

其实，很多所谓的"天灾"是人为因素造成的。2010年4月，武广铁路隧道施工时，大量抽排地下水，造成广州金沙洲地区地面塌陷，一些居民的楼房严重开裂；2009年6月，重庆武隆县山体滑坡事件中，有村民反映这次事故与当地三联采矿场的过度开采有关，而据该矿幸存矿工反映，该矿有违规开采的情况。这些现象涉及整个社会的体制和治理结构的问题，它往往不是在这儿采地下水就会在这儿出问题，有时候是在这儿开矿、搞工程，却在其他的地方出了问题。社会治理结构能解决这种问题吗？

张少泉： 现在一些地方政府的有些工作因为任期的关系，之间没有很好地衔接，各个部门之间也没有顺畅的沟通，很多都缺乏长远的、共同的规划。比如原来这地方没准备建地铁，现在要建地铁了，可是它的管线安排在此之前已经铺设了一部分，因此，城市建设应该统筹规划。

时间上产生断裂，导致这一任领导干的事，跨时间在将来产生灾祸；空间上的断裂，这儿掏洞，那儿承担后果；还有体制上的断裂，这个部门干的事儿，那个部门来承担。且不说防灾救灾，连铺设管线都可能是一个部门挖开铺完了，另一个部门再挖开再铺。别说防灾，可能连工程施工的协调都做不好。

石述思： 有这样一种说法，环境先破坏再治理，是我们这一代人必须付出的阵痛。可是还有一种意见是，为什么要付出这样的代价？为什么不吸取教训，使社会经济发展的成本降低一些呢？有利益的时候,可能各部门人都在,而问责的时候,谁都不在,这说明目前的问责体系是不够健全的。政府发展了经济,提高了GDP是有奖励的,不管付出什么样的代价;但因此造成的严重后果,并没有什么惩罚或谴责,无论是哪方面的惩罚。

现在解决很多问题,关键抓三条:第一,信息公开;第二,公众参与;第三,官员问责。科学发展观的灵魂是以人为本,但这"人"不仅是活在当下的人,还有未来我们的后代,不是小部分人,而是全民。

暴雨、地震、海啸、泥石流……面对越来越频繁的灾难,我们无法逃避。但在现实生活中,让人心存安全危机的不仅有天灾,也有人祸。如何提高应对天灾人祸的能力,怎样最大限度地降低财产损失和人员伤亡,需要每个人思考,更应该引起执政者的反思。

聚焦中国 FOCUS ON CHINA

程晓陶 水利部防洪抗旱减灾研究中心常务副主任
万幼楠 江西赣州市博物馆馆长，研究员
朱 煦 资深时事评论员

城市被淹，不只是天灾

2010年间，全国共有26个省份遭受暴雨袭击，形成严重的洪涝灾害。受灾的不仅是江河沿线，全国很多城市也遭遇水淹。5月7日，广东多个地区受到强暴雨侵袭，不少街道、商铺、停车场等均被水淹，损失达5亿元以上。5月9日，广东多地再降暴雨，局部大暴雨。5月14日，广州暴雨致主干道被堵死，市区21条主干道瘫痪，全市共发生内涝点118个，其中89处为新增内涝点，44处严重水浸。六七月间，广西来宾、安徽安庆、辽宁铁岭、重庆万州、浙江温岭等城市都遭遇水漫全城的景象。全国有百余座县级以上城市遭遇严重内涝，引起交通停滞，断水断电，房屋被浸，车库被淹等问题，造成重大损失。

暴雨肆虐，城市被淹，除了老天，谁该负责？

程晓陶：暴雨发生在城市，所造成的灾害和过去严防死守沿江线不一样，所以现在提出一个词叫"城市型水灾"。如果一座现代化的城市遭受水灾，损失比整个流域还要大。2005年美国的新奥尔良被淹，损失是250亿美元。在此之前美国最大的一次水灾是1993年的密西西比河大洪水，是流域型的大洪水，损失没有超过180亿美元。可是新奥尔良这座现代化城市遭受灾害，直接经济损失就达250亿美元，如果把建筑经济损失算进去，应有1200亿美元。可见，现代城市如果受淹，它的间接损失要远远大于直接损失。

我觉得城市现在内涝的情况相当于小阴沟和大江的比较，我们通常看得见大江，但却看不见小阴沟。目前，我们对于城市内涝的意识还停留在过去，但城市的发展速度甚至可以和欧美比肩，这样的落差使得我们在小阴沟翻船，城市似乎更容易变成水城。

在以前的农业时代，河水泛滥对人类而言并非坏事，例如，尼罗河两岸的人就靠尼罗河泛滥获得丰盛的收成。可农业社会发展到工业密集的时代，洪水就已经是灾害了，而到了城市化和现代工业社会的后期，它已经不是河流的问题，而是城市内生型的灾害。现在有一个概念叫"城市雨导效应"。过去都说城市热导，是说在大城市气温会急剧升高。"城市雨导效应"是什么概念？

程晓陶：城市温度比周边高了以后，热气是上升的，热气上升以后，周边的气流向城市集中，所以就形成了一种气流的循环。以北京为例，北京的西边和北边是山区，暖气气流过来以后顺着山坡往上爬，然后碰到上面的冷空气，自然就变成了暴雨。以前降雨中心是在山区，现在热气上升以后，就在城市上空形成气流，城市中空气的粉尘量还相对比较大，于是暴雨中心往往就在城区。2004年，北京一场暴雨的中心就在天安门。2011年，北京遭遇全市范围暴雨。可以说城市的暴雨比过去要频繁，而且强度还可能比过去大，可水库却蓄不上水。

近年来，随着城市化进程加快，各地已加大对城市排涝系统的改造。2010年，广州就投入9亿元进行"水浸街"改造，重点治理全市228个水浸"黑点"，清疏堵塞管道、增大排涝管径及建设必需的排涝泵站，以增大管道的排涝能力。但专家认为，造成内涝严重的根源还是城市太脆弱，在极端天气的背景下，现有的排涝设施抵挡不住大水在城市的"积涝"步伐。那么,除了天灾,还有什么原因造成繁华光鲜的大城市如此脆弱、如此"怕水"呢?城市水患频发,有关专家是否存在失职?他们有没有跟政府建议过,如何防止城市型的水患?

程晓陶: 城市型水患实际上很多年前就在呼吁,但我认为城市型水患是发展中国家的一个通病。现在媒体上流传一句话:"如果一场暴雨过后,你在街上散步,看到地上是湿的,但它不积水,你看到车辆在缓行,但它不堵塞,那你是走在发达国家的城市;如果情况相反,到处淹得一塌糊涂,那是你走在发展中国家的街道上。"发展中国家为什么会更容易出现这种情况?就在于城市急速扩展的过程中,有很多问题亟须解决。交通堵塞、供水、供气、供电等问题,都需要城市的建设有基础设施的投入,这些投入能带来效果和收益,比如供水系统修好了能收水费,供电系统修好了能收电费,哪怕把排污管修好了,还能收排污费等。如果让政府先地下后地上,先修地下的排水管,首先,在经济上就缺乏动力,管道埋在地下,不如地面上修高楼大厦。何况像交通堵塞、饮水问题、污水治理问题等等,这是每天都会遇到的事,而暴雨可能几年都碰不到一次。

地方执政者恰恰在这个问题上,他们是顾不过来的。再者他们也有一种很强烈的侥幸心理,他要赌现有资源能够扛得过去。他还要赌手里现有的钱是投在更大的发展上,而不去投在下两三届才能解决的问题上,有这种心态的官员,是绝对不会在排水问题上下工夫的。

2010年6月21日,江西省赣州市部分地区降雨近百毫米,老城区却没有出现明显积水。然而,离赣州不远的广州、南宁、南昌等诸多城市却内涝成灾，这一切的不同，都源于赣州市以宋代福寿沟为代表的城市排水系统。全长12.6公里的福寿沟现在仍然承载着赣州近10万旧城区居民的水污排放。有专家评价，以现在集水区域人口的雨水和污水处理量，即使再增加三四倍流量都可以应付，不会发生内涝。古人的前瞻性让人叹服的同时，也让千年后的城市蒙羞。古人一千年前做的一件事情，到现在还能发挥作用，这个福寿沟究竟有什么特点？

万幼楠：福寿沟大概有三个特点，一是利用城市自然的地形落差，将水道设计好，能够保证一定的流速，让水流有足够的流速流向两边城外的江里。二是宋代刘彝设置了12个水窗，在常态的情况下，也是利用水的自然冲力将水窗冲开，水就流向江中。当暴雨来临，两江涨水的时候，又利用江水的冲力将水窗自然关闭，防止水倒灌入城。三是利用城里的水塘，将城内的福寿沟跟水塘全部连接起来，一旦江水不能倒灌，而水又不能出去的情况下，会利用水塘的调节能力来防止内涝。

程晓陶：福寿沟虽然是一千多年前宋代建的，这条沟之所以到今天还在发挥作用，那是因为后人不停地维护。如果没有市政每年的维护，或许早就废弃了。

我觉得西方国家的城市工业化进程还是比我们早一些。欧洲的每个城堡都要解决自己的排水系统，所以规划理念的形成会更早。巴黎政府可能先去投资做地下排水系统，而且从经济上讲，地下系统好，卖地的价格也会提高。也有一些其他方面的因素，包括文化、观念等，会促使他们先把地下系统建好，再建小区时，只要把排水支管跟主管接上，就没有问题了。

我们现在就缺乏这种先地下的政策，都是一个个的小区在发展，小区自己没有能力去建一个几十公里的管道。这是一种典型的公共产品，需要政府来提供，这就是为什么越是新建的小区反而淹得越厉害的主要原因。

成熟健全的市场，自然会产生一种压力，而不像快速的城市化造成配套不全的情况。如果是一个健全的城市，理性的发展市场，都会考虑排水系统，市场压力也会大。

程晓陶：如果大家买房子的时候，不仅会看户型，看周围的环境，看交通便利程度，还要问开发商，小区的排水系统是怎么建的，在暴雨时会不会受淹？把问题提给开发商，开发商就要把问题提给政府。

青岛地下排水系统做得特别好，这套系统是一百年前德国人做的。一次，地下管线有一个零件坏了，就希望从德国方面购买配件，但因时间久远，没有买到。后来德国技术人员告诉我方负责人，按照德国人的工程系统，在任何零件附近，不出五米的地方一定可以找到备件。果然，在附近找到了一个大油纸包，打开一看还真是一套簇新的备件。和我们国家相比，其中有什么文化差异？

朱煦：从青岛的例子来看，确实有一定的文化差异。我觉得同样一个民族，同样一种文化，古人和今人也是有差异的。像宋代人修的福寿沟，其中的水仓其实就是今天大家非常熟悉的单向阀原理，将其用在水利上是很科学的，这就是古人的智慧。还有一个例子，四川的桃坪羌寨，地下也有非常发达的水系统，这个水系统包括进水、供水还有消防，地下每家每户都是连通的，还包括排水。其实城市排水问题，是因为执政者在这些小问题上不够重视。

城市管理者在内涝问题上，往往是有经济能力都不去做，所以，我们会发现，为什么我们会悲观，我们什么时候达到老祖宗那样的意识并愿意去下工夫，可能就和发达国家离得不远了。如果再把民族和民族之间的智慧稍微学习一点，设计一个出了问题怎么去应对的预案，这就大不相同了。

程晓陶：我们现在还处在快速城市化的进程中，和二三十年前比，城市化从20%升到40%，还会发展到60%，还有很多城市处在扩展之中，如果不吸取教训，今后付出的代价会更大。所以说，新开发区，一定要先把地下排水系统建起来。上海浦东新区就有这样的经验。浦东新区做得也不比国外差，在上世纪90年代开发浦东的时候，先把地下建好了。这两年上海也受暴雨淹，但淹的是徐汇，浦东倒是没事。新开发区一定要学习取经，先地下后地上，不要再走先地上后地下的老路了。

有专家形象地比喻，现在中国城市趋于盆景化，而且像个不锈钢盆景，大家都看不到地下是什么，因为没有人把盆景掀开了看看地下的根。如果把一个典型的中国城市扒开看，它的地下结构和西方发达国家的城市有什么区别？换句话说，雨水为什么排不出去？

程晓陶：西方国家的城市地下有一个骨干排水管道，在小区开发建设的时候，都是拿小区的支管跟这个主干管接上，小管子接到大管子，积水就容易排出去了。中国大多城市的情况并非如此，下水涵洞都比较小。因为工程投资都是只管自己，没有能力再去建大的管道，地下是由很多的小管道连成，而不是通过大管道来连通小管口，因此雨水就排不出去。再一个，大多城市的标准偏低，即使有一些干管，这些干管一般都是防一年，高一点的防三年。但是国外的排水系统骨干的排水标准往往能达到五年，有的能达到十年。

美国人说日本人地下工程做得非常扎实,美国人甚至讲过,"如果外星人在人类灭绝之后跑到地球来看,都不知道这些基础工程是干什么用的,以为是哪个时代的宗教建筑,这可能是发达国家和发展中国家的一个区别。"

在西方的电影中也常看到这样的镜头:几个人并排走在下水道里,不管是为了逃命,还是为了追凶,下水道宽敞得令人瞠目。如果再深究一下,那些下水道大多是一百多年前,甚至两百多年前修建的。一次性投入,让后代子孙受益,世代发挥着美化城市环境的功能。这一点,恰是最值得中国学习的。因此,我们也应该在规划方面,多汲取研究机构和公众的意见、建议,作出一个真正具有长远战略眼光的规划。一旦通过,即赋予其法律效力,任何人都必须按照规划进行城市建设。那样的话,要不了多久,中国的下水道恐怕也能并排走几个人了。中国也能够静静地积累财富,并安享城市柔和的阳光了。

聚焦中国
FOCUS ON CHINA

高登义　中国科学院大气物理研究所研究员
李栓科　自然科学家，中国国家地理杂志社社长兼总编辑

极端天气缘何常态化

2010年5月7日，广州突降暴雨，雨量之多，强度之大，范围之广，历史罕见，造成重大人员财产损失。自从进入2010年，极端天气信息就不时刺激着人们的眼球。北京十年来最迟到的春天，西南三省百年一遇的大干旱，哈尔滨4月暴雪五十年不遇，新疆雪灾六十年一遇，北半球很多国家也出现罕见的暴雪严寒。媒体和公众都在追问，我们的地球怎么了？有科学家断言，全球变暖趋势是极端天气频频出现的原因，事实果真如此吗？

高登义：所谓的极端，就是说它和平均的状况是有差异的。气象学对极端在数字上有一个定义，比如今年的降水如果多到40%，那就是极端了；降水少到40%也是极端。这是科学上的定义。

李栓科：这些是科学术语，但老百姓的感受是从多年生活积累中来的，大家的感受是否异常，是极端还是平均，是冷还是热，还是在于自己的生活体验的积累。

谈到极端天气，我们经常会看到很多媒体的公开报道。关于全球变暖问题，有人说极端天气是全球变暖带来的，这种观点有没有道理？

高登义：最近几十年，全球平均气温确实是变暖了，但变暖

不一定就会带来极端天气和异常现象。比如，2008年南方的冰冻，2010年春天的推迟，或者说无春，将这些都归咎于变暖一点道理都没有。

李栓科：关于究竟是变暖还是变冷，我认为，这在统计学上是存在很大出入的。国际气象组织和科学家所引用的数据，是从不到3000个的台站数据中得出的，但这些台站的数据并不能代表全球的温度。

以北京为例，北京有好几个气象台站，如果把测量的一个点放在市中心，和在西山顶上测量的气温会差好几度，这就是统计的差异。有些报告是把所有气象台站的数据加起来作简单的综合，以这样的数据来看，近十年来全球气温降低了0.4℃，而并不是在升高。主要还是统计方法有问题的。

极端天气和全球变暖是什么关系？

李栓科：我并不认为全球在变暖，还是坚持认为这些年全球在变冷。对于人类来讲，地球不论是变冷还是变暖，要看这是自然的作用大，还是人为的作用大。

高登义：根据我掌握的资料，最近一百多年以来，北极的浮冰一直在减少，近十年全球气温降低了0.4℃，而且这两年老百姓明显地感受到冬天越来越漫长，春天姗姗来迟。所以我认为近十年的趋势是全球变冷了。我们要警惕的恰恰是全球变冷而不是变暖，因为当气候变暖，全球物产会增加，动物会好过，人类也好过，尤其是对于弱势群体，暖冬更好过一点。而每当全球变冷的时候，就会造成极大的社会动荡，全球气候变冷比变暖可怕得多，因为变冷以后可能会带来很多不利。

极端天气的出现是上帝之手在作祟？还是另有原因？

高登义： 自然原因是最主要的。人类对于大自然是非常渺小的，尤其是我们这些经常跟大自然打交道的人，体会非常深。地球温度的变化不光是靠地球，还有地球在太阳系运转的影响，这些决定了全球气候的变化。现在的科学家，无论预测变冷，还是坚持认为变暖，都应承认这一点。地球的气温变化、气候变化、降水变化等等，人类能感受到的自然因素中，95%的是地球自身的，只有5%是人类造成的。在很多大众传播系统里，我们混淆了一个概念，以这5%的问题代替了100%。这5%里面，二氧化碳有多少作用，节能减排能，这当然是正确的，但要用5%覆盖100%肯定是错误的。

人类活动导致温室效应，温室效应导致全球变暖，这似乎已经成为很多人的常识。2010年年初，从亚洲到欧洲再到北美洲，几乎所有北半球的严寒让人们产生了怀疑，地球到底是在变冷还是在变暖？科学界也在进行着激烈的争论，那么人类活动对天气的影响究竟有多大？

高登义： 根据手边的统计资料，特别是对北极浮冰的统计和浮冰卫星的资料，浮冰最近几年确实是在减少，从1995～2005年这几年更是锐减。但我根据中国一百二十年的气象资料，再根据最老的历史资料延伸，推算出未来三十年可能是要变冷的。

李栓科： 我觉得更多地应该从整个大范围来看。从2005年到现在，北极的浮冰大概扩大了30%，那至少说近些年地球气温一直在变冷，所以我们要警惕的是变冷而不是变暖。因为变冷会带来很多问题，对于社会经济，对于个人都有很大的影响。有句俗话："天热热大家，天寒冻个人。"天冷的时候，要花钱买很厚的衣服，家里要取暖，这都是经济和生活成本。

每一种自然界的存在就是必然，这是自然界的哲学。而且自然界的每一种变化，不是说千年一遇就是好事，也不是说千年一遇都是坏事，一定有利有弊，问题是我们如何取舍。

联合国气候变化专门委员会的主要成员、德国著名气候学家莫吉卜·拉蒂的最新研究成果进一步挑战传统变暖理论。他认为，1980~2000年这二十年间所经历的变暖现象，大部分是由于海洋冷暖交替周期引起的，现在大家所关心的冰川消融、海平面上升的状况即将暂停，全球已经停止暖化。

高登义： 如果我们把眼光放长远一点，从一亿年以来的气候来看，一亿年到两亿年这段时间，气候主要是变暖，比平均气候状况高6℃~8℃。大概从两亿年到一万年这段时间看，气温平均低6℃~8℃，一万年以来气候平均变动基本很小。实际上这一万年以来，地球是最温和的时候。所以目前的气温变化还是比较温和的，不论是变冷还是变暖，都比一万年以前那时好得多。

联合国政府间气候变化专业委员会（IPCC），2007年公布第四份气候变化评估报告，报告说全球气候变暖已是不争的事实，报告指出，全球气温本世纪可能上升1.1℃~6.4℃，海平面上升18~59厘米；如果气温上升幅度超过1.5℃，全球20%~30%的动植物物种面临灭绝；如果气温上升3.5℃以上，40%~70%的物种将面临灭绝。联合国秘书长潘基文发出警告，南极冰盖融化可能导致海平面上升6米，淹没包括纽约、孟买和上海在内的一些沿海城市。如果全球变暖，世界将处在巨大灾难的边缘，这是危言耸听吗？

高登义： 潘基文也是根据某些组织给他提供的数据来说的，这些组织有其社会性诉求。他说了以后，就会引起气候研究部门和生态部门相关专家的重视，这些部门可能就会要求各国政府增加这方面的经费开支，进行相关研究论证，从而对全世界范围的生态环境有所改善。

出于严谨，没有科学家会对目前极端天气频发的深层原因妄下定论。因为气候研究是一门统计科学，只有5~10年内不断重复，才能有定论。世界气象组织全球天气研究计划负责人阿斯拉尔说："极端天气事件频发是极不寻常的，该机构电脑模拟研究预测，随着全球气候变暖，今后极端天气现象的发生将更为频繁，强度更大，影响地区更广。"美国国家气候数据中心负责人戴维·伊斯特林认为："全球变暖难以与单个气象事件的成因直接联系起来，但自2000年以来，全球气温逐渐攀升的趋势会提高热浪、干旱以及洪水等极端天气出现的可能性。"

中国国家气候中心的有关资料显示，像干旱、洪涝、雨雪这些极端天气事件的发生，其总体变化规律和气候变化是有联系的。那么，未来极端天气会更频繁地出现吗？

高登义： 我觉得极端天气会比较频繁地出现，这跟人为因素有一定关系。以北京市为例，最近二三十年以来建了很多楼房，几乎每家每户都有空调。那就等于把青藏高原加热，把加热面抬高到4000~5000米。北京的加热面抬高到不同的高度，参差不齐，加热的距离不同，带给环境的影响不同，就产生了极端天气。比如到夏天下雨的时候，可能会产生冰雹，出现大暴雨。我觉得如果未来大城市不注意这个问题，将会使所谓极端天气事件频发。

李栓科： 我赞同这个观点，我们不仅仅要关注人文的，建筑城市、城镇跟人类活动有关的地方，更要关注地球变化带来的影响。我们要警惕自然界会有越来越多的极端天气，这对于整个人类来讲是非常恐怖的，甚至会对人类带来更大的干扰和破坏。

极端天气事件肆意频发，不仅给各国民众的生命财产造成严重损失，也给受灾国经济带来不小的影响，引起了包括世界气象组织在内的国际社会和各国民众的极大关注。

2011年5月16日，第16届世界气象大会在瑞士日内瓦开幕，大会讨论建立一个全球气候服务框架，帮助各国特别是自然灾害多发的国家应对气候变化带来的风险。该框架将通过加强全球合作、共享专业知识和数据帮助各国减少与气候变化有关的风险，为易受自然灾害和极端天气影响的发展中国家提供最急需的服务。

世界气象组织主席别德里茨基在大会主席报告中指出，世界气象组织在2012～2015年间的主要工作是在气象、气候、水文、水资源和相关环境问题上，向各个国家和地区提供技术、知识并支持开展国际合作，这将有助于维护全人类的安全，促进各国经济发展。大会还讨论了在极端天气、全球变暖和人口增长等背景下如何落实世界气象组织的减灾计划，怎样改进气象观测和信息系统，如何帮助发展中国家加强气象观测和研究的能力建设。

世界气候研究计划（WCRP）主任嘎森·阿斯若博士在本次大会上指出："极端天气气候事件的产生究竟是由于人类活动还是自然界本身所造成的，我们现在还无法得出准确的分析结果。""用几十年的时间来判断气象变化或者断言这种变化的原因是远远不够的，极端天气气候事件也可能是自然界本身不断变化的结果；但是，长期以来人类社会持续排放二氧化碳导致了地球变暖，而从理论角度分析，地球变暖后需要释放能量。那么，说人类活动是造成极端天气气候事件的原因也似乎有些道理。"

地球、大气是人类赖以生存的主要空间，它给人类提供了合适的温度环境、丰沛的降水资源，人类才有足够的食物得以生存，同时也给人类一个适宜居住的环境。但是，严寒、干旱、暴雨等现象时有发生，严酷的自然条件给人类带来了许多困难。我们必须研究它，认识并利用它的规律，主动去适应各种自然变化，趋利避害、化凶为吉。相信人类的明天会更美好！

跋

中国在哪儿

王学永　《聚焦中国》栏目策划　中央电视台《新闻1+1》栏目副制片人

中国在哪儿？这是一个时代的迷思，孜孜以求，又莫衷一是。

中国是世界第二大经济体，西部学生的午餐却依旧冰凉；鳞次栉比的北京CBD，向外几十公里是环京贫困带；因世博而夺目的上海，荣光却因一场大火而黯淡；打通全球市场的珠三角，却总是和打工者充满隔阂。正如中国人民大学教授金灿荣先生在《聚焦中国》节目中所言，这是一个拥有着"二重属性"的国家。

如此复杂的转型期，如此多层级的社会形态，身处其中，每个人难免会有些目乱神迷。其实，媒体何尝不是？欲为社会指点迷津，必先自正其身。无须讳言，媒体这个被寄予厚望的社会瞭望者，也充满误区。概括而言，我认为三种趋向伤害最大：概念化、道德化和体制化。

若干年前，一位台湾同行对我说："内地的媒体喜欢千年万年，而台湾的则是只争朝夕。"之所以如此，痼疾之一就是概念化。总是试图用一种理论和框架去获取一个根本解决，一语点破，一眼看透。于一个栏目而言，大而化之地描摹出一个"中国模式"来，非所能，也非所为。在这条探究的路上，媒体的作用，是问题的粉丝，而非概念的拥趸。九十多年前，胡适曾喊出了"多研究些问题"的口号，并得出"凡是有价值的思想，都是从这个那个具体的问题下手的。"的判断，若不论及当时的政治背景，时至今日，对媒体而言，这些主张仍然有借鉴意义。

研究问题的障眼法之一，就是道德化。因为它可能会给你设定思考的禁区、盲区，还会让讨论陷入对错的泥沼，而非利弊的权衡。例子最明显的，莫过于艾滋病防护中发放避孕套的措施。去道德化，是一个多世纪来，中国思想界奋力而搏的境界，但却又是最难以脱身的桎梏。对此，我们做得如何呢？

毋庸置疑，我们存在太多的问题。每个国人，都急迫地想找到病灶，除之而后快。但有一种倾向，又会一再表露，这就是对体制的迷恋。解决方式，是在找制度；出现问题，也一把推给它。似乎个人永远是受害者，是旁观者。但果真如此吗？北京地铁电梯急停事故，运营者和生产厂商担责自不待言，可我们乘坐电梯的混乱无序，难道也是体制问题？试想如果每个人都规矩地站在右侧，让出左侧通道，会是什么结局呢？个人，难道没问题？

《聚焦中国》作为一个时事评论类节目，始终坚持着自己的问题视角。所以，在本辑录中，你可以通过一个个话题，去抚摸这个国家现在的脉搏。但笔者更期望的是，读者能够去想想每个嘉宾的思维方式，批判地去看待每个问题、每种表述。

中国在哪儿？这是我们这个时代每个人都该认真思考的问题。

2011年8月

媒体如何面对中国真问题

王昭翚 《聚焦中国》栏目制片人

《聚焦中国》栏目在广东卫视播出一年后,结集出版了这本名为《中国真问题》的节目文稿。与此同时,作为《聚焦中国》栏目的创办人,我又开始了另一档大型时政栏目《共富大家谈》的创办。新栏目与重庆卫视合作,这个转向也许会让人过度解读,于我却是内心的一个重大转折。

毋庸置疑,中国社会正值转型期,转型成功与否,不仅与中国自身有关,还与世界相关。当今中国正面临大转型带来的诸多问题,在这些问题的背后,有些是中国自身的原因,有些来自中国以外的影响。因此,解决这些问题的手段不仅仅是中国自己的事情,能否解决这些问题也常常具有世界性的借鉴意义。这使得我们面对"中国真问题"时,难以作出简单的判断,而需要深入和全面地剖析。

身为媒体人,我们在面对"中国真问题"时,是怎样的处境?

媒体在某种程度上是社会的眼睛,具有发现问题、揭示问题、分析问题的功能。很多时候我们不得不承认,媒体并不具有解决问题的能力,最多具有推动问题解决的作用。人们把媒体称为"第四权力",事实上,媒体权力是有局限的,也是应该受到相应限制的。如果对此没有清醒的认识,将会使有责任感的媒体人整体陷于消极心态,而不利于履行发现问题、揭示问题的天职。

在操作节目的过程中,每一位编导都遇到过同样的困惑:在现行的新闻规制下,面对"中国真问题",该怎么说?能怎么说?这决定着新闻评论节目的社会影响力,也决定了这类节目的生存空间。

在一年的探索过程中,我们先找到了媒体面对"真问题"的方法——寻求多角度思考,不求一吐为快;立足缓解社会矛盾,力争唤起良善共识。

我们找到了解决自身苦恼并让传媒人的良知继续活跃的办法。

每个社会问题都有其现象,也有其成因。就现象而言,媒体首先要做的就是厘清事实,透过现象看原因,这是媒体寻找"真问题"、确认"真问题"的必要前提。而后,媒体必须有勇气清醒地面对原因背后的"真问题",理智、负责任地判断这个"真问题"对社会可能产生的影响。考量电视评论节目的批评尺度,是要判断对问题剖析的角度所带来的后果,对社会发展是良性的,还是恶性的。

《中国真问题》一书选取了部分"真问题",我们认为,这不光是媒体认定的真问题,它们同样是当下很多中国人认为的真问题。但是,我们并不认为靠媒体自身就能给这些"真问题"提出解决的真答案,专家学者在分析问题原因时也会有不同结论。因此,提出"真问题"只是第一步,如何解决"真问题",才是决策者们需要思考的真正难题。

当今中国的问题错综复杂,一方面是提出、认定"真问题"的你言我语,另一方面是如何"真解决"的七嘴八舌,这未必是一个坏现象。媒体在这样的氛围中,尤其需要注意自省、自律,媒体并不具备将"真问题"获得"真解决"的能力。因此,在导向"真解决"的道路上,媒体人尤其要以敬畏之心面对自己的职责,力求做到客观公正。否则,当媒体偏离了客观轨道的时候,即便发现了"真问题",也可能会适得其反,非但没能推动"真问题"的"真解决",还有可能导致问题朝着恶化的方向发展。

这本书记录着我们努力发现问题、揭示问题、分析问题的历程,也反映了媒体面对中国真问题的冷静思索。现行诸文字,与大家共勉。

2011年8月21日

《聚焦中国》栏目主创团队

出 品 人：曾国欢 李向平
总 策 划：王义军 朱启良
总 监 制：张志斌 胡 笳
监　　制：陈晓莉 阴汉文
顾　　问：吴 帆 谢良红 解如光
制 片 人：王昭肇
策　　划：王学永 王志安 石述思 浦 寅 叶 闪
执行制片人：刘国东
执 行 主 编：修 彬 郭 勇
责 任 编 辑：高景帅
非 线 技 术：王艺霖 赵伟伟
制　　片：潘 明 王 硕

（京）新登字083号

图书在版编目（CIP）数据

中国真问题／曾国欢，李向平，王昭翚主编．
—北京：中国青年出版社，2011.12
ISBN 978-7-5153-0460-1

Ⅰ.①中… Ⅱ.①曾… ②李… ③王… Ⅲ.①社会问题–研究–中国
Ⅳ.①D669

中国版本图书馆CIP数据核字（2011）第260683号

责任编辑：方小玉
装帧设计：瞿中华

出版发行：中国青年出版社
社址：北京东四12条21号
邮政编码：100708
网址：www.cyp.com.cn
编辑部电话：（010）57350503
门市部电话：（010）57350370
印刷：三河市君旺印装厂
经销：新华书店

开本：700×1000　1/16
印张：17
插页：4
字数：200千字
印数：1-6000册
版次：2012年2月北京第1版
印次：2012年2月河北第1次印刷
定价：35.00 元

本图书如有印装质量问题，请凭购书发票与质检部联系调换
联系电话：（010）57350337